Doris Muliar

Abnehmen
mit dem Thermomix®

Doris Muliar

Abnehmen
mit dem Thermomix®

Leichte Low-Carb-Küche zum Genießen

Bibliografische Information der Deutschen Nationalbibliothek

Die Deutsche Nationalbibliothek verzeichnet diese Publikation in der Deutschen National-
bibliografie. Detaillierte bibliografische Daten sind im Internet über https://dnb.de abrufbar.

Für Fragen und Anregungen

info@m-vg.de

Wichtige Hinweise

Sämtliche Inhalte dieses Buches wurden – auf Basis von Quellen, die die Autorin und der Verlag für ver-
trauenswürdig erachten – nach bestem Wissen und Gewissen recherchiert und sorgfältig geprüft. Alle
Rezepte in diesem Buch wurden für den Thermomix® TM5 entwickelt und mit diesem getestet. Bitte beachten Sie: Der Mixtopf des Thermomix® TM5 ist größer als der des TM31 (Kapazität von 2,2 Litern anstatt
2,0 Liter beim TM 31). Daher dürfen aus Sicherheitsgründen die Rezepte aus diesem Buch nur dann mit
dem TM31 nachgekocht werden, wenn die Mengen angepasst wurden. Achten Sie auf die Füllstandsmar-
kierungen und überschreiten Sie die maximale Füllmenge nicht. Der Verlag und die Autorin haften für
keine nachteiligen Auswirkungen, die in einem direkten oder indirekten Zusammenhang mit den Informationen stehen, die in diesem Buch enthalten sind.

Ausschließlich zum Zweck der besseren Lesbarkeit wurde auf eine genderspezifische Schreibweise sowie
eine Mehrfachbezeichnung verzichtet. Alle personenbezogenen Bezeichnungen sind somit geschlechts-
neutral zu verstehen.

Originalausgabe
13. Auflage 2025
© 2016 by riva Verlag, ein Imprint der Münchner Verlagsgruppe GmbH
Türkenstraße 89
80799 München
Tel.: 089 651285-0

Redaktion: Caroline Kazianka, München
Umschlaggestaltung: Stephanie Druckenbrod, Olching
Umschlagabbildungen: Thermomix: © Getty Images/Patrik Stollarz; Fischsuppe: siamionau pavel/Shutter-
stock.com; Aprikosen: Nesterenko Maxym/Shutterstock.com; Tomaten: Elisanth/Shutterstock.com; Por-
ridge: fired/Shutterstock.com; Fleischbällchen: Family Business/Shutterstock.com; Babyspinat: Anna_
Pustynnikova/Shutterstock.com; Blaubeeren im Korb: MaraZe/Shutterstock.com; Blaubeeren lose: Jne
Valokuvaus/Shutterstock.com; Aprikosenkuchen: Elena Pominova/Shtterstock.com; Kürbis: Benjamin
Simeneta/Shutterstock.com; Hintergrund: Maram/Shutterstock.com; Knoblauch: mario95/Shutterstock.
com; Walnüsse: woe/Shutterstock.com; Walnüsse geschält: Senil Yaman/Shutterstock.com; Spinatsuppe:
Lisovskaya Natalia/Shutterstock.com; Kürbisspalten: images72/Shutterstock.com; Kürbissuppe: anytka/
iStockphoto
Satz: EDV-Fotosatz Huber/Verlagsservice G. Pfeifer, Germering
Druck: Florjancic Tisk d. o. o., Slowenien
Printed in the EU

ISBN Print 978-3-86883-772-8
ISBN E-Book (EPUB, Mobi) 978-3-95971-029-9

Wir produzieren
nachhaltig
www.m-vg.de

Weitere Informationen zum Verlag finden Sie unter

www.rivaverlag.de

Beachten Sie auch unsere weiteren Verlage unter www.m-vg.de

Inhaltsverzeichnis

*Blaubeer-Kefir-Smoothie mit Minze 25 · Erdbeer-Mandelmilch-Smoo-
thie 26 · Brombeermilch mit Ingwer 27 · Himbeer-Reismilch-Smoothie 28 ·
Papaya-Kokos-Smoothie 29 · Orangen-Mandarinen-Smoothie 30 · Geeiste
Wassermelone mit Beeren 31*

*Wirsingsmoothie mit Apfel und Grapefruit 33 · Brokkoli-Gurken-Smoo-
thie 34 · Spitzkohl mit Erdbeeren 35 · Radieschensmoothie mit Kresse 36 ·
Tomatensmoothie mit Paprika 37 · Paprikasmoothie mit Gurke und Basi-*

Einleitung

Sie wollen ein paar Pfunde loswerden? Gut! Sie wollen sich dabei aber auch gesund mit frischen Zutaten ernähren? Sehr gut!

Wir haben die Lösung für Sie: Unsere Autorin Doris Muliar hat über 100 Rezepte für den Thermomix® entwickelt, die nach der bekannten und wirksamen Low-Carb-Theorie funktionieren.

Diejenigen, die den Thermomix® schon in ihrem Alltag nutzen, werden erleben, dass man auch im Mixtopf mit wenig Kohlenhydraten auskommen kann. Gourmets, die bislang am liebsten Sauce hollandaise oder Zabaglione mit dem Schmetterling gerührt haben, entdecken, dass die Kochmaschine auch zum Abnehmen taugt.

Smoothies und Drinks aus grünem Gemüse lassen sich besonders fein pürieren, Porridges, die neuen Frühstücksmüslis, machen sich fast von alleine, während Sie sich die Zähne putzen.

Aus den Terrinen haben wir einen Großteil der Kalorien entfernt, und dass der Thermomix® für Rohkostsalate ideal ist, wissen Sie sicher schon.

Mitten ins Suppenschlemmerland löffeln Sie sich bei unseren Suppenrezepten – alles mit wenig Kalorien und wenig Kohlenhydraten. Suppen sind als »soup cleanses« derzeit in USA ganz »in« und werden demnächst auch bei uns Furore machen.

Bei den Gemüse-, Fleisch- und Fischgerichten kommt der Varoma voll zum Einsatz – fettarmes und damit kalorienarmes Garen ist somit ein Kinderspiel. Und nicht nur bei den Gemüserezepten finden auch Vegetarier und Veganer praktische Rezepte. Saucen zu sanft gedämpften Fleisch- oder Fischstücken runden das Angebot ab.

Zu guter Letzt haben wir für Sie einige Rezepte für Backwaren und Süßspeisen »Low Sweet« entwickelt, die mit weniger Mehl auskommen oder entsprechende Ersatzstoffe verwenden.

Alles in allem reichlich – auch familientaugliche – Rezepte und Anregungen, um während des Abnehmens nicht hungern und verzichten zu müssen und sich Schritt für Schritt der Wunschfigur zu nähern.

Wir wünschen Ihnen viel Erfolg und guten Appetit!

Zehn Punkte für Ihre Sicherheit

Wahrscheinlich sind Sie bestens vertraut mit dem Thermomix® und haben ihn schon längst in Ihren Kochalltag integriert. Wenn Sie Ihren Thermomix® aber längere Zeit nicht verwendet haben: Lesen Sie sich bitte noch einmal die Gebrauchsanleitung gut durch. Zur Sicherheit haben wir hier die wichtigsten zehn Bedienungstipps und Vorsichtsmaßnahmen für den TM 5 kurz zusammengefasst.

1. Wenn Sie etwas zerkleinern oder pürieren: Setzen Sie immer den Messbecher ein. Beim Zerkleinern von Nüssen, Gemüse oder anderen harten Lebensmitteln könnten sonst Teile herausgeschleudert werden. Beim Pürieren von heißen Suppen besteht Verbrennungsgefahr durch Spritzer!

2. Bei heißem Mixtopfinhalt (über 60 °C) nicht sofort im Turbomodus pürieren und die Drehzahl nur langsam erhöhen.

3. Beachten Sie die maximale Füllstandsmarkierung im Mixtopf. Er ist für 2,2 Liter ausgelegt.

4. Der Mixtopfdeckel entriegelt automatisch nach Ende der eingestellten Garzeit. Versuchen Sie nicht, ihn gewaltsam zu öffnen.

5. Beim Dampfgaren mit dem Varoma darf der Messbecher nicht eingesetzt werden – es kann sonst kein Dampf entweichen.

6. Bei Verwendung des Varoma muss der Dampf zirkulieren können. Lassen Sie daher immer einige Schlitze im Boden frei. Geben Sie genügend Wasser für die Dampfentwicklung in den Mixtopf. Setzen Sie immer den Deckel auf und achten Sie darauf, beim Öffnen nicht mit dem heißen Dampf in Berührung zu kommen.

7. Der Rühraufsatz (Schmetterling) zum Schlagen von Eischnee oder Sahne darf nur bis höchstens Stufe 4 verwendet werden. Der Spatel darf bei Verwendung des Schmetterlings nicht eingeführt werden.

8. Bitte niemals ein anderes Rührwerkzeug als den Spatel in die Deckelöffnung einführen. Der Spatel ist mit seinem »Kragen« so konstruiert, dass er nicht mit den Messern in Berührung kommen kann.

9. Wenn Sie den Mixtopf zum Reinigen auseinandernehmen, gehen Sie äußerst vorsichtig mit dem Mixmesser um – die Messer sind höllisch scharf, es besteht Verletzungsgefahr.

10. Wenn Ihr Thermomix® keinen festen Platz in Ihrer Küche hat, stellen Sie ihn immer auf eine rutschfeste, ebene Arbeitsfläche. Beim Zerkleinern oder beim Rühren von Teigen könnte der Thermomix® durch Unwucht in Bewegung geraten. Bleiben Sie bei diesen Arbeitsschritten neben dem Gerät.

Übersicht Diäten

Low Carb bedeutet ja nichts anderes, als weniger Kohlenhydrate zu sich zu nehmen. Diese Art der Ernährung ist wissenschaftlich untersucht und gut begründet.

Warum zu viel Kohlenhydrate zu Fettpolstern führen, ist einfach zu erklären: Das Hormon Insulin aus der Bauchspeicheldrüse kontrolliert den Blutzuckerspiegel. Es sorgt dafür, dass die Körperzellen mit Glucose versorgt werden, ist sozusagen der Türöffner, mit dem die Zellen aufgeschlossen werden, damit der Treibstoff hineinkann.

Ist nun viel Insulin im Blut (nach kohlenhydratreichem Essen), beschleunigt das Insulin die Einlagerung von Glucose in den Zellen, die wiederum – vereinfacht gesagt – den Zucker in Fett umwandeln. Und: Solange Insulin im Blut zirkuliert, wird kein Fett abgebaut!

Dadurch, dass Insulin den Zucker aus dem Blut schleust, entsteht aber auch gleich wieder ein Hungergefühl und wir essen einen Snack (womöglich wieder mit Kohlenhydraten) – der Teufelskreis beginnt von vorne.

Um diesen Ablauf zu durchbrechen, sollte man wenig oder zumindest nur kohlenhydratfreie Snacks essen und zu den drei Hauptmahlzeiten darauf achten, dass so oft wie möglich mehr Proteine als Kohlenhydrate auf dem Teller liegen. Manche Low-Carb-Diäten empfehlen, abends gar keine Kohlenhydrate zu sich zu nehmen, was vielleicht nicht jedermanns Sache ist und sich auch nicht immer bewerkstelligen lässt.

Wir wollen aber nicht in die in den USA bereits ausgebrochene Hysterie verfallen und jedes Gramm Kohlenhydrate verteufeln. Ein Vollkornbrötchen zum Frühstück, eine Handvoll Reis oder Nudeln und vor allem Gemüse können Sie ruhigen Gewissens essen. Vorsicht geboten ist nur abends und bei stark zuckerhaltigen Lebensmitteln.

Die Liste der Wissenschaftler und Ärzte, die sich mit Low-Carb-Diäten beschäftigt haben, ist lang. Wir haben hier für Sie die wichtigsten Programme in alphabetischer Reihenfolge zusammengefasst:

Atkins-Diät

In den 1970er-Jahren von Dr. Robert Atkins, einem amerikanischen Arzt, publiziert. Er fasste zusammen, was vor ihm schon William Banting (1797–1878!), Wilhelm Ebstein, der französische Gastrosoph Jean Brillat-Savarin oder der österreichische Arzt Wolfgang Lutz propagierten: Verzicht auf Kohlenhydrate. Die Diät war und ist umstritten – allerdings konnte nie der Beweis erbracht werden, dass diese Fleischdiät, wie behauptet, zu einem erhöhten Cholesterinspiegel und Gesundheitsschäden führt. Die Diät basiert darauf, dass der Körper durch den absoluten Verzicht auf Kohlenhydrate gezwungen wird, sein Fett in Glucose umzuwandeln. Das funktioniert aber nur, solange man sich strikt an die Vorschriften hält. Eine kleine Sünde wirkt schon, als würfe man ein Stück Zucker in

den Tank – der sogenannte ketogene Prozess und damit der Fettabbau wird gestoppt und der Stoffwechsel kommt wieder durcheinander. So viel Disziplin ist im Alltag und auf längere Zeit kaum aufzubringen.

Dukan-Diät

In den späten 1970er-Jahren vom Ernährungsmediziner Pierre Dukan entwickelt. Auch hier: weitgehender Verzicht auf Kohlenhydrate, aber ebenso Einschränkungen beim Fett. In der ersten Phase fast komplett kohlenhydratfrei – nur 1 ½ EL Haferkleie täglich sind erlaubt. Dann kommt eine Phase mit 72 mageren, proteinreichen Lebensmitteln mit 28 erlaubten Gemüsesorten. Anschließend folgen reine »Proteintage« abwechselnd mit »Gemüse-Protein-Tagen«. Das alles ist recht kompliziert und wird zudem als bedenklich eingestuft. Dukan hat 2014 seine Zulassung als Arzt verloren.

Glyx-Diät

Basiert auf einem möglichst niedrigen glykämischen Index. Also auf der Wirkung der jeweiligen Kohlenhydrate auf den Blutzuckerspiegel. Der Index gibt an, wie schnell ein kohlenhydrathaltiges Lebensmittel verdaut wird und seinen Zucker in das Blut abgegeben hat. Vereinfacht gesagt: Schnell verdaute Kohlenhydrate – wie zum Beispiel in Weißmehl oder reinem Zucker – haben einen hohen glykämischen Index. Die Kohlenhydrate aus Vollkornprodukten, faserreichem Gemüse und Hülsenfrüchten hingegen gelangen langsamer ins Blut – also niedriger Glyx. Fett- und Kalorienzufuhr spielen kaum eine Rolle. Die Diät empfiehlt reichlich Obst und Gemüse, dazu ein Sportprogramm und Stressabbau – denn neben zu viel Essen soll auch Stress dick machen.

Hollywood-Diät

Wurde in den 1920er-Jahren speziell für die Reichen und Schönen der Filmbranche entwickelt. Gegessen wird teuer und eiweißreich: Shrimps, Hummer, Fisch und Austern. Die Enzyme von exotischen Früchten sollen zusätzlich schlank machen. Von all dem darf man aber nur 800 kcal täglich essen – eine Menge, die erwiesenermaßen unweigerlich zum Jo-Jo-Effekt führt. Finger weg davon, sagt dazu auch die Stiftung Warentest, da die Diät Mangelerscheinungen bei der Vitamin- und Mineralstoffversorgung hervorruft.

LOGI-Methode

Wurde vom Ernährungswissenschaftler und Arzt Dr. Nicolai Worm entwickelt. Der Ansatz ist, die Stoffwechselsituation im Körper zu verändern, was durch eine Umstellung auf eine zucker- und stärkereduzierte Ernährung erreicht wird. LOGI (Low Glycemic and Insulinemic Diet) ist keine vorübergehende Diät, sondern als lebenslange Ernährungsweise konzipiert – vor allem in Hinblick auf die rasant steigenden Diabetikerzahlen.

Es gibt keinen strengen Ernährungsplan und keine gravierenden Verbote (außer Zucker und Weißmehl). Als Richtlinie dient die LOGI-Pyramide, die zeigt, welche Nahrungsmittel bevorzugt und welche eher sparsam gegessen werden können.

Montignac-Methode

Ihr Erfinder Michel Montignac (1944–2010) sah sein Ernährungskonzept nicht als Diät, sondern als »Methode«. Es enthält Elemente von Glyx und LOGI, aber auch Anklänge an die Trennkost. »Schlechte« Kohlenhydrate sind komplett zu meiden, »sehr gute« Kohlenhydrate dürfen mit beliebig viel Eiweiß und Fett kombiniert werden, nur »gute« Kohlenhydrate gehen lediglich zusammen mit Eiweiß, aber ohne Fett. Also: Lebensmittellisten auswendig lernen! Die Bedeutung der Kalorienzufuhr wird von Montignac geleugnet, was seine Kritiker als großen Irrtum bezeichnen.

Paläo

Die Steinzeitdiät ist derzeit megahip. Zu essen gibt es nur, was es schon in der Altsteinzeit (2 Mio. Jahre bis 20 000 v. Chr.) gab: Fleisch, Fisch, Meeresfrüchte und Eier. Dazu verzehrten die Hominiden Kräuter, Pilze, wildes Gemüse, Obst, Beeren, Nüsse und Honig. Milch und Milchprodukte gab es nicht, und Getreide bauten Menschen erst an, nachdem sie sesshaft geworden waren. Also weg damit! Als Proteinquelle sind auch Larven und Würmer im Gespräch.

Grundlage ist die Evolutionstheorie, nach der sich das menschliche Erbgut seitdem nicht verändert hat. Daher ist »Paläo« angeblich die einzige artgerechte Ernährung des Menschen.

Der hohe Anteil an Kohlenhydraten in unserer modernen Ernährung und die daraus resultierenden »Zivilisationskrankheiten« legen den Schluss nahe, dass an dieser Theorie was dran ist. Bewiesen ist aber gar nichts und die Beschaffung der Zutaten in der geforderten Qualität eher schwierig und kostspielig. Richtig daran ist sicherlich, dass industriell hergestellte und denaturierte Lebensmittel nicht besonders gut für uns sind.

Schlank im Schlaf

Erfinder dieser Ernährungsweise, deren Name etwas in die Irre führt, ist Dr. Detlef Pape, Internist und Ernährungswissenschaftler. Im Zentrum steht auch hier – typisch für alle Low-Carb-Konzepte – der Insulinspiegel. Generell sind – wie auch bei LOGI – drei Mahlzeiten am Tag mit einem Abstand von fünf Stunden vorgesehen, wobei morgens und mittags komplexe Kohlenhydrate erlaubt sind, abends hingegen wird darauf weitgehend verzichtet. Es gibt Fisch oder Fleisch mit Gemüse. So kann die Fettverbrennung (kein Insulin im Blut!) während der Nachtruhe optimal arbeiten – daher der Name. Wein und Bier (jeweils ein Glas!) sind abends erlaubt, weil dies angeblich gut für die Gefäße ist. Frühsport noch vor der ersten Mahlzeit soll die nächtliche Fettverbrennungsphase verlängern und steigern.

Zwei-Tage-Diät

Das »Teilzeitfasten« nach Dr. Dr. Michael Despeghel soll es leicht machen, beim Abspecken durchzuhalten. Fünf Tage essen wie gewohnt, an zwei Tagen aber begnügt man sich mit nur einer 500-kcal-Mahlzeit, die außerdem viel Eiweiß und nur ganz, ganz wenig Kohlenhydrate enthält. Für alle, die sich nicht ständig mit ihrer Ernährungsweise auseinandersetzen wollen, ein guter Ansatz. Der überdies dann doch dazu führt, so haben Studien ergeben, dass man sich auch an den übrigen Tagen bewusster ernährt und dafür mit einer besseren Figur belohnt wir. Der Jo-Jo-Effekt tritt bei nur zwei Tagen mit geringer Kalorienzufuhr nicht ein, weil sich der Körper nicht so schnell auf eine »Durststrecke« einstellt und den Stoffwechsel herunterfährt.

Übersicht Zutaten

Zuckerersatzstoff

Erythritol oder Erythrit wird durch Fermentierung aus Glucose und Saccharose gewonnen und ist, chemisch gesehen, Zuckeralkohol. In Reformhäusern wird Erythrit unter verschiedenen Namen wie zum Beispiel Sukrit, Sukrin, Xucker, Wiezucker u. a. angeboten. Wenn Sie nach Erythrit fragen, wissen die Mitarbeiter schon Bescheid.

Erythrit ist dem Haushaltszucker sehr ähnlich: Er ist genauso kristallin, lässt sich pulverisieren und hat etwa 70 Prozent der Süßkraft normalen Zuckers. Da er auch in kleinen Mengen in unserer Nahrung vorkommt, wird er in Studien als unbedenklich eingestuft und wurde 2006 in der EU als Süßungsmittel in Lebensmitteln zugelassen.

Er hat keine Kalorien, keine Blutzuckerwirkung und wird vom Körper einfach wieder ausgeschieden. Der Stoff ist relativ teuer – vielleicht sollten Sie überlegen, auf welche süßen Zubereitungen Sie verzichten können.

Sie sollten auch darauf achten, nicht zu große Mengen dieses »Wunderstoffs« zu sich zu nehmen. Denn dann kann es – trotz aller Unbedenklichkeit – zu Blähungen, Bauchschmerzen und Durchfall kommen. Es wäre ohnehin besser, sich allzu Süßes nach und nach abzugewöhnen. Ernährungsexperten bezweifeln auch, dass es sinnvoll ist, den Körper immer wieder mit Süßstoffen zu täuschen. Denn das macht ebenfalls Lust auf immer mehr Zucker oder eben Zuckerersatz – ein Umstand, der in der Kälbermast genutzt wird.

Wir haben zudem festgestellt, dass beim Austausch von größeren Mengen Zucker zum Beispiel bei Süßspeisen Erythrit eine Art Kältegefühl im Mund erzeugt und leicht salzig schmeckt.

Andere Zuckerersatzstoffe wie Xylit, Sorbit, Maltit u. a. enthalten sehr wohl Kalorien, meist aus Fructose oder Lactose.

Zuckerersatzstoffe sind nicht zu verwechseln mit Süßstoffen, die industriell hergestellt werden und mittlerweile auch in Verruf geraten sind. Daher haben wir, selbst wenn nichts bewiesen ist, darauf verzichtet.

Zu nennen wäre noch Stevia, ein Süßstoff pflanzlichen Ursprungs, dessen leicht bitterer Lakritzgeschmack nicht jedermanns Sache ist.

Verdickungsmittel

Oft möchte man eine Sauce oder eine zu dünn geratene Suppe etwas eindicken. Speziell beim Kochen mit dem Thermomix®, wenn zu einem Stück Fisch oder Fleisch aus dem Varoma noch schnell eine Sauce benötigt wird.

Viele Menschen aber lehnen Gelatine mittlerweile ab. Es gibt jedoch eine ganze Menge natürlicher Gelier- und Verdickungsmittel, mit denen man auch im Thermomix® hervorragend arbeiten kann.

Geliermittel wie zum Beispiel Agar-Agar, Pektin oder Flohsamenschalen werden für Pudding, Gelee, Mousse oder Pastete verwendet.

Suppen, Saucen und Desserts, die nur etwas angedickt werden sollen, bekommen 1–2 TL Guarkernmehl, Johannisbrotkernmehl, Pfeilwurzmehl oder Maisstärke.

Achten Sie bei der Dosierung jeweils auf die Angaben auf der Verpackung. Je nach Hersteller können die benötigten Mengen unterschiedlich ausfallen.

Sahne zum Kochen

Da es beim Abnehmen hauptsächlich darauf ankommt, die tägliche Kalorienmenge im Blick zu behalten, sollte man auch beim Fett ein wenig aufpassen. Glücklicherweise gibt es von Joghurt, Frischkäse und Crème fraîche recht annehmbare fettarme Varianten. Und auch bei der Sahne hat sich einiges getan: Es gibt sie reduziert auf 15 Prozent bzw. auf 7 Prozent Fett. Als Schlagsahne eignen sich die Kochsahnen natürlich nicht, aber beim Abrunden von Saucen und Suppen ersetzen sie die fette Schwester tadellos. Viele der Kochsahnen sind auch für Vegetarier und Veganer geeignet. Es gibt sie unter verschiedenen Markennamen und Sie finden sie gleich neben der »echten« Sahne.

Mehl

Die gewohnten Backmehle – auch deren Vollkornvarianten – sind so richtig high carb. Den Trend zu weniger Kohlenhydraten im Brot haben viele Bäckereien schon aufgegriffen und bieten etwa Guten-Abend-Brot oder Eiweißbrot an, bei denen ein Teil des Getreidemehls ersetzt wurde.

Am wenigsten Kohlenhydrate (ca. 5 g KH/100 g) enthalten Kokos- und Mandelmehl, die aus den Rückständen bei der Herstellung von Kokos- oder Mandelmilch gewonnen werden. Da diese Mehle aber kein Gluten enthalten, müssen noch andere Zutaten dafür sorgen, dass aus dem Teig schließlich Brot, Kuchen und Kekse werden. Geeignet sind gemahlene Mandeln, Nüsse, Leinsamen, Hirse oder Quark.

Auch Mehle aus Amaranth, Mais, Linsen oder Lupinen haben einen geringeren Anteil an Kohlenhydraten und punkten mit viel Eiweiß. Manche gibt es sogar schon im Supermarkt zu kaufen. Beinahe im Monatsrhythmus kommen neue Produkte dazu. Also: Augen auf beim Kauf von Zutaten für Ihre Keksdose.

Shirataki-»Teigwaren«

Ein Hersteller nennt sie die »kalorienärmste Nudel der Welt«. Die Teigwaren gibt es mittlerweile in verschiedenen Formen – auch als »Reis«. Sie werden aus dem Mehl der Konjakwurzel geformt, das nur 5 g Kohlenhydrate pro 100 g hat und glutenfrei ist.

Sie bekommen Shirataki-Nudeln in großer Auswahl in Asialäden, in manchen Reformhäusern und natürlich im Internet. Die Teigwaren schwimmen in durchsichtigen Beuteln in einer klaren Flüssigkeit, die beim Öffnen etwas fischig riecht. Der Geruch verfliegt aber und die Nudeln werden je nach Packungsanleitung einfach mit heißem Wasser übergossen oder kurz gekocht.

Nach unserer Erfahrung können sie die klassischen Spaghetti nicht ersetzen. Sie haben keinen Eigengeschmack und auch ihre Konsistenz ist anders. Jedoch als Suppeneinlage oder als kleine Beilage zur Sättigung sind die »weißen Wasserfälle«, so die Übersetzung aus dem Japanischen, durchaus geeignet.

Smoothies
zum Frühstück

Blaubeer-Kefir-Smoothie mit Minze

Für 1 Portion • 145 kcal 21 g KH, 5 g F, 6 g E

100 g Blaubeeren, frisch oder tiefgekühlt

1 Stängel frische Minze

150 ml Kefir

1 EL Zitronensaft

Zuckerersatz nach Belieben

VORBEREITEN:

Die frischen Blaubeeren waschen und gut abtropfen lassen. Tiefgekühlte Beeren eventuell etwas antauen lassen. Die Minze waschen, trocken schütteln und die Blättchen vom Stiel zupfen.

ZUBEREITEN:

Blaubeeren, Minze, Kefir und Zitronensaft 20 Sekunden/Stufe 5–10 ansteigend pürieren. In 1 Glas füllen und nach Belieben mit Zuckerersatz süßen.

INFO: Wir verwenden als Zuckerersatz immer Erythritol, das unter verschiedenen Handelsnamen, zum Beispiel Sukrit, Xucker, Sukrin oder Wiezucker, im Reformhaus erhältlich ist.

TIPP: Ihre Smoothies aus frischen Beeren werden noch cremiger, wenn Sie pro Portion 2 Eiswürfel mitmixen.

Erdbeer-Mandelmilch-Smoothie

Für 1 Portion • 186 kcal, 16 g KH, 11 g F, 6 g E

150 g Erdbeeren, frisch oder tiefgekühlt
1 EL gemahlene Mandeln oder Mandelmus
(Rezept Seite 47)
1 TL Chia-Samen
1 EL Zitronensaft
100 ml Mandelmilch
50 ml stilles Mineralwasser
2 Eiswürfel nach Belieben

VORBEREITEN:

Die Erdbeeren waschen, abtropfen lassen und die Stiele entfernen. Tiefgekühlte Beeren etwas antauen lassen.

ZUBEREITEN:

Alle Zutaten in den Mixtopf geben und 20 Sekunden/Stufe 5–10 ansteigend pürieren. Wenn Sie tiefgekühlte Erdbeeren verwenden, brauchen Sie keine Eiswürfel.

INFO: In Chia-Samen ist jede Menge Kalzium enthalten sowie Antioxidantien und Omega-3-Fettsäuren. Chia ist ein Pseudogetreide und manche Bäckereien bieten auch schon Brote damit an.

Brombeermilch mit Ingwer

Für 1 Portion • 96 kcal, 16 g KH, 2 g F, 5 g E

100 g Brombeeren, frisch oder tiefgekühlt

1 Stängel Zitronenmelisse

1 Stück Ingwerwurzel (haselnussgroß)

100 ml fettarme Milch

50 ml stilles Mineralwasser

Zuckerersatz nach Belieben

VORBEREITEN:

Die Brombeeren behutsam waschen und abtropfen lassen. Tiefgekühlte Früchte etwas antauen lassen. Die Zitronenmelisse waschen, trocken schütteln und die Blättchen vom Stiel zupfen. Den Ingwer schälen.

ZUBEREITEN:

Alle Zutaten in den Mixtopf geben und 20 Sekunden/Stufe 5–10 ansteigend fein pürieren.

TIPP: Probieren Sie mal Ziegenmilch. Sie enthält günstigere Fettsäuren als Kuhmilch und gut verdauliche Proteine. Sie schmeckt leicht süßlich, aber keinesfalls »ziegig«.

Himbeer-Reismilch-Smoothie

Für 1 Portion • 116 kcal, 19 g KH, 3 g F, 1 g E

100 g Himbeeren, frisch oder tiefgekühlt
1 EL Kokosraspeln
1 EL Limettensaft
1 Prise schwarzer Pfeffer
150 ml Reismilch
2 Eiswürfel nach Belieben
Zuckerersatz nach Belieben

VORBEREITEN:

Die Himbeeren behutsam waschen und abtropfen lassen. Tiefgekühlte Himbeeren etwas antauen lassen. Wenn Sie tiefgekühlte Himbeeren verwenden, brauchen Sie keine Eiswürfel.

ZUBEREITEN:

Alle Zutaten in den Mixtopf geben und 20 Sekunden/Stufe 5–10 ansteigend fein pürieren. Nach Belieben mit Zuckerersatz abschmecken.

INFO: Alle sagen »Reismilch«. Das Getränk wird aber aus rechtlichen Gründen als »Reisdrink« oder »Reisgetränk« verkauft und aus Vollkornreis hergestellt. Es hat nur sehr wenig Inhaltsstoffe, dafür aber auch kein Gluten und keine Lactose. In Reformhäusern finden Sie auch verschiedene Mischungen, zum Beispiel Reis-Kokos-Ananas-Milch.

Papaya-Kokos-Smoothie

Für 2 Portionen • Pro Portion: 147 kcal, 19 g KH, 8 g F, 2 g E

½ große oder 1 ganze kleine Papaya
(ca. 200 g Fruchtfleisch)
1 Orange
500 ml Kokoswasser
2 EL Kokosflocken

VORBEREITEN:

Das Papaya-Fruchtfleisch von den Kernen befreien und aus der Schale heben. Die Orange auspressen (es werden 75 ml Saft benötigt).

ZUBEREITEN:

Papaya, Orangensaft und Kokoswasser mit 1 EL Kokosflocken 15 Sekunden/ Stufe 5–10 ansteigend fein pürieren und in 2 Gläser geben. Mit den restlichen Kokosflocken bestreut servieren.

INFO: Kokoswasser – nicht zu verwechseln mit Kokosmilch – wird gepriesen als supererfrischend, isotonisch und mineralstoffreich. Promis wie Madonna oder Rihanna schwören darauf. Es kommt aus dem Inneren unreifer Kokosnüsse, schmeckt leicht süßlich und hat ungefähr den Zuckergehalt wie Apfelschorle. Die Kohlenhydrate in unserem Rezept kommen auch hauptsächlich daher.

Für den Papaya-Smoothie können Sie zur Abwechslung auch die preiswertere und etwas zuckerärmere reine Molke verwenden oder Kefir.

Orangen-Mandarinen-Smoothie

Für 1 Portion • 118 kcal, 20 g KH, 1 g F, 7 g E

1 Bio-Orange
1 Stück Ingwer (haselnussgroß)
1 Mandarine
150 ml Buttermilch
2 Eiswürfel

VORBEREITEN:

Die Orange heiß waschen und ½ TL Schale fein abraspeln. Die Frucht auspressen. Den Ingwer und die Mandarine schälen. Wenn nötig, die Kerne der Mandarine entfernen.

ZUBEREITEN:

Alle Zutaten in den Mixtopf geben, mit dem Messbecher verschließen und 15 Sekunden/Stufe 5–10 ansteigend fein pürieren.

INFO: Die aromatischen Mandarinen sind besonders saftig, lassen sich leicht schälen und enthalten Samenkerne. Clementinen sind eine Kreuzung aus Mandarine und Pomeranze. Sie sind süßer und meist kernlos. Die japanischen Satsumas sind kernlos und haben weniger Aroma.

Geeiste Wassermelone mit Beeren

Für 1 Portion • 138 kcal, 25 g KH, 0 g F, 3 g E

150 g Wassermelone (vorbereitet gewogen)

75 g Erdbeeren

50 g Heidelbeeren

einige Blättchen Minze

¼ Vanilleschote

1 EL Braunhirse

50 ml stilles Mineralwasser

3 Eiswürfel

VORBEREITEN:

Das Stück Wassermelone schälen und von den Kernen befreien. Die Erdbeeren waschen und entstielen. Die Heidelbeeren waschen und abtropfen lassen. Die Minze waschen und trocken schütteln, Blättchen abzupfen. Das Stück Vanilleschote aufschlitzen und das Mark herauskratzen.

ZUBEREITEN:

Alle Zutaten (außer der Minze) in den Mixtopf geben, mit dem Messbecher verschließen und 15 Sekunden/Stufe 5–10 ansteigend und fein cremig pürieren. Die Minzeblättchen zur Dekoration in den Smoothie stecken.

TIPP: Wassermelone, DIE Abnehmfrucht schlechthin, verträgt sich nicht nur mit Beerenobst. Sie können sie auch mit allen möglichen Milchprodukten kombinieren.

INFO: Braunhirse ist ein glutenfreies Getreide voller wichtiger Mineralstoffe, besonders Silizium und Vitamin B. Sie eignet sich gut zur Beimischung bei Smoothies und Müslis.

Greenies und Smoothies

Grüne Smoothies wurden ursprünglich als Detox-Geheimwaffe gehandelt, sind aber mittlerweile auch in unseren Alltag und in die Regale der Supermärkte eingezogen.

Gerade mit dem Thermomix® haben Sie die Möglichkeit, solche Energiegranaten selbst herzustellen, denn das Gerät hat Power genug, um auch mit dem härtesten Grünzeug fertigzuwerden. Wir haben drei Varianten für Sie ausprobiert. Je nach Saison können Sie auch anderes grünes Gemüse verwenden – gerne auch kombiniert mit Obst, um den etwas herben Geschmack abzumildern.

Wirsingsmoothie mit Apfel und Grapefruit

Für 2 Portionen • Pro Portion: 80 kcal, 178 g KH, 0 g F, 3 g E

2 Blätter Wirsing
100 ml Grapefruitsaft
1 Apfel (z. B. Granny Smith)
2 EL frische Kräuter (z. B. Dill, Petersilie oder Basilikum)
150 ml stilles Mineralwasser
Salz, Pfeffer

VORBEREITEN:

Die Wirsingblätter gründlich unter fließendem Wasser waschen und grob in Streifen schneiden. Die Grapefruit auspressen. Den Apfel schälen, vierteln und das Kerngehäuse entfernen. Die Kräuter waschen und trocken schütteln.

ZUBEREITEN:

Wirsing, Grapefruitsaft, Apfelstücke, Kräuter und Wasser in den Mixtopf geben, mit dem Messbecher verschließen und 20 Sekunden/Stufe 5–10 ansteigend fein pürieren.
Mit Salz und Pfeffer abschmecken. Nach Belieben mit Wasser weiter verdünnen.

Brokkoli-Gurken-Smoothie

Für 1 Portion • 36 kcal, 3 g KH (2 g davon Zucker), 1 g F, 3 g E

2 Röschen Brokkoli (etwa 50 g), frisch
oder tiefgekühlt
1 Stück Salatgurke (etwa 10 cm)
4–5 Blätter grüner Salat (z. B. Lollo
Biondo, Rucola oder einfach Kopfsalat)
½ Limette
100 ml stilles Mineralwasser
2 Eiswürfel nach Belieben
Salz, Pfeffer

VORBEREITEN:

Vom Brokkoli 2 Röschen abschneiden und waschen. Tiefgekühlten Brokkoli eventuell etwas antauen lassen. Das Gurkenstück schälen und entkernen. Die Salatblätter waschen und trocken schütteln. Die halbe Limette auspressen.

ZUBEREITEN:

Die vorbereiteten Zutaten mit Wasser und Eiswürfeln in den Mixtopf geben (bei Verwendung von tiefgekühltem Brokkoli brauchen Sie keine Eiswürfel), mit dem Messbecher verschließen und 20 Sekunden/Stufe 5–10 ansteigend cremig pürieren. Nach Belieben mit kaltem Wasser verdünnen und mit Salz und Pfeffer abschmecken.

TIPP: Dieser Greenie schmeckt durch den rohen Brokkoli sehr herb. Wenn Sie das nicht so sehr mögen, können Sie ein paar Erdbeeren oder einen Schnitz Papaya dazugeben. Das muss drin sein bei so wenig Kalorien.

Spitzkohl mit Erdbeeren

Für 1 Portion • 100 kcal, 13 g KH, 2 g F, 5 g E

2–3 Blätter Spitzkohl (ca. 100 g)
1 Stück Ingwer (hasel- oder walnuss-
groß nach Belieben)
50 g Erdbeeren
100 ml stilles Mineralwasser
1 TL Chia-Samen
2 Eiswürfel nach Belieben
50 ml Kefir

VORBEREITEN:

Die Spitzkohlblätter unter fließendem Wasser gründlich waschen. Die Blätter grob in Streifen schneiden. Den Ingwer schälen. Die Erdbeeren waschen und entstielen.

ZUBEREITEN:

Alle Zutaten in den Mixtopf geben, mit dem Messbecher verschließen und 20 Sekunden/Stufe 5–10 ansteigend fein pürieren. Nach Belieben mit Wasser oder etwas zusätzlichem Kefir verdünnen.

Radieschensmoothie mit Kresse

Für 1 Portion • 97 kcal, 11 g KH, 1 g F, 9 g E

100 g Radieschen
½ Kästchen Gartenkresse
200 ml Buttermilch
Salz

VORBEREITEN:

Radieschen waschen und putzen. Kresse unter fließendem Wasser abspülen und gut trocken schütteln. Einige Blättchen beiseitelegen.

ZUBEREITEN:

Radieschen in den Mixtopf geben, Messbecher einsetzen, 5 Sekunden/ Stufe 6 zerkleinern und mit dem Spatel nach unten schieben. Buttermilch und Kresse dazugeben und 20 Sekunden/ Stufe 5–10 ansteigend pürieren. In 1 Glas füllen, mit Salz abschmecken und mit einigen Kresseblättchen dekoriert servieren.

Tomatensmoothie mit Paprika

Für 2 Portionen • Pro Portion: 63 kcal, 11 g KH, 1 g F, 3 g E

1 Fleischtomate
2 Stängel glatte Petersilie
1 rote Paprikaschote
50 g helle Kohl- oder Salatblätter
2 EL zuckerreduzierter Ketchup
(z. B. unser Rezept von Seite 156)
2 Eiswürfel
200 ml stilles Mineralwasser
Salz, Pfeffer

VORBEREITEN:

Die Fleischtomate waschen, vierteln und die Stielansätze entfernen. Die Petersilienzweige waschen, trocken schütteln und die Blätter von den Stängeln zupfen. Die Paprikaschote waschen, putzen und vierteln. Kohl- oder Salatblätter waschen, trocken schütteln.

ZUBEREITEN:

Alle Zutaten bis auf Salz und Pfeffer in den Mixtopf geben, mit dem Messbecher verschließen und 20 Sekunden/Stufe 5–10 ansteigend pürieren. Mit Salz und Pfeffer abschmecken, nach Belieben mit zusätzlichem Wasser verdünnen und auf 2 Gläser verteilen.

Paprikasmoothie mit Gurke und Basilikum

Für 2 Portionen • Pro Portion: 103 kcal, 6 g KH, 7 g F, 4 g E

1 Stück Salatgurke, ca. 10 cm

1 grüne Paprikaschote

50 g dunkelgrüner Salat (z. B. Feldsalat oder Rucola)

1 Handvoll Basilikumblätter (oder andere Kräuter nach Belieben)

4 Walnusskernhälften

2 Eiswürfel

200 ml stilles Mineralwasser

Salz, Pfeffer, Zitronensaft

VORBEREITEN:

Die Salatgurke schälen oder gründlich waschen und dann mit der Schale verwenden. Die Paprikaschote waschen, putzen und vierteln. Salat- und Basilikumblätter waschen und gut trocken schütteln.

ZUBEREITEN:

Die vorbereiteten Zutaten mit den Walnusskernhälften, Eiswürfeln und Wasser in den Mixtopf geben, mit dem Messbecher verschließen und 25 Sekunden/ Stufe 5–10 ansteigend pürieren. Mit Salz, Pfeffer und nach Belieben etwas Zitronensaft abschmecken.

TIPP: Geben Sie beim Mixen von Smoothies immer die weichen Zutaten zuerst in den Mixtopf und achten Sie darauf, schnell eine hohe Drehzahl zu erreichen. Je kürzer die Mixzeit, desto schonender für die Zutaten.

Smoothie – ganz in Gelb

Für 2 Portionen • Pro Portion: 58 kcal, 10 g KH, 1 g F, 2 g E

1 Stück Salatgurke (ca. 10 cm)
1 gelbe Paprikaschote
1 Orange oder Grapefruit
½ TL Kurkuma
Pfeffer
2 Eiswürfel
Stilles Mineralwasser nach Belieben

VORBEREITEN:

Das Stück Salatgurke schälen. Die Paprikaschote waschen, putzen und vierteln. Orange oder Grapefruit auspressen (es werden 75 ml Saft benötigt).

ZUBEREITEN:

Die vorbereiteten Zutaten mit Kurkuma, Pfeffer und den Eiswürfeln in den Mixtopf geben und 20 Sekunden/Stufe 5–10 ansteigend pürieren. Mit Wasser nach Belieben verdünnen.

INFO: Kurkuma ist schön gelb (wird im Curry verwendet) und ziemlich geschmacklos. Nach neueren Studien ist das Gewürz eine der bedeutendsten Heilpflanzen und unverzichtbar bei der Bekämpfung von Entzündungen und der Entgiftung. Seine Wirksamkeit wird durch Pfeffer noch verstärkt.

Mango-Sellerie-Drink

Für 2 Portionen • Pro Portion: 68 kcal, 10 g KH, 2 g F, 3 g E

> **2 Stängel Staudensellerie (ca. 150 g)**
>
> **100 g Mango**
>
> **100 ml Kefir**
>
> **½ TL Kurkuma**
>
> **150 ml stilles Mineralwasser**

VORBEREITEN:

Die Selleriestangen waschen, putzen und grob in Stücke schneiden. Mango schälen und Fruchtfleisch vom harten Kern abschneiden.

ZUBEREITEN:

Sellerie, Mango, Kefir und Kurkuma in den Mixtopf geben und 20 Sekunden/ Stufe 8 pürieren. Das Wasser dazugeben und 5 Sekunden/Stufe 2 verrühren.

TIPP: Wenn es – vielleicht mal für Frühstücksgäste – besonders schön aussehen soll: die oberen Teile der Selleriestängel zurechtschneiden und wie Strohhalme in die Gläser stecken.

Variante: Granatapfel-Sellerie-Drink

Für 2 Portionen • Pro Portion: 86 kcal, 20 g KH, 2 g F, 5 g E

1 Stängel Staudensellerie
100 g Granatapfelkerne
100 ml fettarmer Joghurt
100 ml stilles Mineralwasser

ZUBEREITEN:

Alle Zutaten in den Mixtopf geben und 20 Sekunden/Stufe 8 pürieren.

INFO: Wie jedes Obst enthalten auch Granatapfelkerne Kohlenhydrate, die aus dem Fruchtzucker stammen. Aber für alle, die es gern säuerlich mögen, sind sie eine willkommene Abwechslung – jedoch nur, wenn sie wirklich reif sind. Das ist bei uns von etwa September bis Dezember der Fall.

Avocado-Buttermilch-Drink mit Salat

Für 2 Portionen • Pro Portion: 203 kcal, 15 g KH, 16 g F, 5 g E

1 kleine Avocado (etwa 200 g)

1 Orange

1 Romanasalatherz

1 Stängel frische Minze

100 ml Buttermilch

2 Eiswürfel

Wasser nach Belieben

Salz, Pfeffer

Die Avocado halbieren, den Kern entfernen und das Fruchtfleisch aus der Schale löffeln. Die Orange auspressen (es werden 75 ml Saft benötigt). Das Salatherz in Blätter teilen, diese waschen und putzen. Die Minze waschen, trocken schütteln und die Blättchen vom Stängel zupfen. Einige Blättchen zur Dekoration beiseitelegen.

ZUBEREITEN:

Alle Zutaten in den Mixtopf geben. Den Mixtopf mit dem Messbecher verschließen und den Drink 20 Sekunden/Stufe 6–8 ansteigend pürieren. Nach Belieben mit Wasser verdünnen, mit Salz und Pfeffer abschmecken und auf 2 Gläser verteilen. Mit den übrigen Minzeblättchen dekoriert servieren.

INFO: Avocados versprechen Gesundheit pur! Botanisch gesehen sind sie birnenförmige Butterfrüchte, die zwar keine Butter aber dafür jede Menge einfach ungesäuerte Fettsäuren enthalten. Damit tragen sie dazu bei, den Cholesterinspiegel zu regulieren.

TIPP: Wenn Sie nicht die ganze Avocado verbrauchen, heben Sie den Rest ungeschält zusammen mit dem Kern im Kühlschrank auf. In Klarsichtfolie verpackt hält er sich 1–2 Tage und der Kern verhindert, dass sich das Fruchtfleisch verfärbt.

Rote-Bete-Apfel-Smoothie

Für 1 Portion • 113 kcal, 22 g KH, 0 g F, 1 g E

1 kleiner Apfel
1 Stängel glatte Petersilie
100 g Rote Bete (vorgekocht und eingeschweißt aus dem Supermarkt)
½ TL Kümmel
100 ml stilles Mineralwasser
1 EL fettarmer Joghurt

VORBEREITEN:

Den Apfel waschen, achteln und das Kerngehäuse entfernen. Die Petersilie waschen, trocken schütten und die Blättchen vom Stängel zupfen.

ZUBEREITEN:

Apfel, Rote Bete, Kümmel, Wasser und die Petersilie (einige Blättchen zur Dekoration aufheben) in den Mixtopf geben und 15 Sekunden/Stufe 8 pürieren.
In 1 Glas füllen, den Joghurt obenauf setzen und mit den Petersilienblättchen
dekoriert servieren.

TIPP: **Das schmeckt natürlich auch mit Birne oder sogar erhitzt (5 Minu-
ten/100°/Stufe 0,5) als kleine Suppenmahlzeit.**

Mus und Porridge

Porridge (engl. Haferbrei) ist das neue Müsli. Ursprünglich kommt Porridge aus Schottland, wo er nicht nur zum Frühstück mit verschiedenen Beilagen gegessen wurde. Mittlerweile gibt es ihn auch bei uns fertig in Supermärkten und Bioläden.

Mit dem Thermomix® ist es ein Kinderspiel, ihn zu Hause zuzubereiten – er macht sich fast von selbst. Statt der klassischen Haferflocken können Sie – besonders bei Problemen mit Gluten – Hirse- oder Quinoaflocken verwenden. Die Flocken haben zwar reichlich Kalorien, machen aber trotzdem nicht dick: Die enthaltenen Ballaststoffe sind gut für Ihre Verdauung, sättigen lang anhaltend und regulieren den Blutzuckerspiegel.

Mandelmus

Für 15 Esslöffel à 25 g

Pro Portion: 159 kcal, 1 g KH, 14 g F, 6 g E

400 g ungeschälte Mandeln

VORBEREITEN:
Wenn Sie weißes Mandelmus herstellen wollen, müssen Sie die Mandeln schälen: 1 Minute in kochendem Wasser blanchieren, durch ein Sieb abgießen und abkühlen lassen – dann lässt sich die Haut ganz leicht entfernen.

ZUBEREITEN:
Die Mandeln in den Mixtopf geben und 30 Sekunden/Stufe 10 fein mahlen. Insgesamt 30 Minuten/Stufe 4 rühren, bis eine cremige Masse entsteht. Das geschieht wie von selbst, weil das enthaltene Öl austritt. Gehen Sie dabei aber bitte am besten in 5-Minuten-Schritten vor, denn die Mandeln sollen sich durch die Reibung nicht über eine Temperatur von 40 °C erhitzen. Zwischendurch die Masse immer wieder abkühlen lassen. Am Schluss nach Belieben und Verwendungszweck mit etwas Salz oder Zucker verrühren. Gut verschlossen im Schraubglas, hält sich das Mandelmus mindestens 4 Monate.

TIPP: Geschälte Mandeln kann man im Backofen bei 150 °C etwa 20 Minuten leicht anrösten – ihr Aroma wird so intensiver. Das Mandelmus passt gut aufs Low-Carb-Brot, in Smoothies, ins Müsli.

ABER: Nicht zu viel davon nehmen. Es ist zwar no carb, jedoch recht fetthaltig. Dabei handelt es sich jedoch um jede Menge gesunde Fettsäuren, die das LDL-Cholesterin in Schach halten. Außerdem 22 Prozent Eiweiß, viel Kalzium, Magnesium, Eisen, Vitamin E und B-Vitamine.

Kakao-Mandel-Creme

Für 8 Esslöffel à 25 g • Pro Portion: 51 kcal, 1 g KH, 4 g F, 2 g E

100 g Mandelmus
(Rezept oben/Seite 47)
100 g fettarmer Frischkäse
10 g Kakaopulver
1 TL gemahlene Vanille (Reformhaus)
40 g Zuckerersatz
Salz

ZUBEREITEN:

Alle Zutaten in den Mixtopf geben und 10 Sekunden/Stufe 3 verrühren. Die Creme hält sich im Schraubglas im Kühlschrank etwa 2 Wochen. Sie können sie z. B. auf unsere Low-Carb-Mandelcracker (Seite 171) streichen oder mit Milch verdünnt kalt oder warm trinken.

Tofu-Mandel-Creme

Für 2 Portionen • Pro Portion: 189 kcal, 4 g KH, 15 g F, 10 g E

1 Frühlingszwiebel
5 Stängel Majoran oder Thymian
50 g Mandelmus (Rezept Seite 47)
150 g Seidentofu
Salz, Pfeffer

VORBEREITEN:

Die Frühlingszwiebel abziehen, putzen und waschen. Die Kräuter waschen, trocken schütteln und die Blättchen von den Stielen zupfen.

ZUBEREITEN:

Alle Zutaten in den Mixtopf geben und 5 Sekunden/Stufe 5 vermischen. Die Creme schmeckt gut zu Gemüsescheiben, Radieschen oder in Paprikaschoten gefüllt.

TIPP: Wer sich nicht vegan ernährt, kann statt Tofu auch fettarmen Frischkäse verwenden.

Nussporridge mit Heidelbeeren

Für 1 Portion • 369 kcal, 59 g KH, 17 g F, 11 g E

1 EL Leinsamen

10 g gemahlene Walnüsse

30 g Hirseflocken (ersatzweise Haferflocken)

50 ml fettarme Milch

100 ml Wasser

½ TL Zimt

flüssiger Süßstoff oder Zuckerersatz
nach Belieben

1 kleiner Apfel

30 g Heidelbeeren oder andere Beeren
nach Saison

2 Walnusskernhälften

ZUBEREITEN:

Leinsamen in den Mixtopf geben, mit dem Mess-
becher verschließen und 15 Sekunden/Stufe 10 schroten. Wenn Sie ganze Walnüsse verwenden, können Sie sie gleich mit zerkleinern. Ansonsten gemahlene
Walnüsse, Hirseflocken, Milch und Wasser dazugeben und offen 10 Minuten/
75 °C/Stufe 1 linksdrehend garen. Den Zimt und nach Belieben Zucker einstreu-
en und 15 Sekunden/Stufe 5 durchrühren oder – wenn es feiner werden soll –
weitere 10 Sekunden/Stufe 5–8 ansteigend pürieren.
Den Apfel schälen, das Gehäuse entfernen und die Frucht in Spalten schneiden.
Beeren waschen, abtropfen lassen. Den Porridge in 1 tiefen Teller füllen und
mit den Apfelspalten, den Heidelbeeren und den Walnusskernhälften belegt
servieren.

Aprikosen-Kokos-Porridge

Für 1 Portion • 192 kcal, 34 g KH, 3 g F, 6 g E

30 g Reisflocken
(ersatzweise Haferflocken)
20 g Kokosraspeln
125 ml fettarme Milch
Salz
1 reife Aprikose
flüssiger Süßstoff oder Zuckerersatz
nach Belieben

ZUBEREITEN:

Die Reisflocken und Kokosraspeln mit der Milch und 1 Prise Salz in den Mixtopf geben und 5 Minuten/80 °C/Stufe 1 linksdrehend garen. In der Zwischenzeit die Aprikose waschen, trocken tupfen, entkernen und in Würfel schneiden. Den Porridge in eine Schüssel umfüllen, nach Belieben süßen und die Aprikosenwürfel obenauf setzen.

Hirseporridge mit Mango

Für 2 Portionen • Pro Portion: 288 kcal, 56 g KH, 4 g F, 8 g E

100 g Goldhirse
150 ml Wasser
200 ml Mandelmilch
½ TL Zimt
75 g Granatapfelkerne (etwa ½ Frucht)
12 Physalis
100 g Mango oder Papaya
2 EL gepuffter Amaranth
Zuckerersatz nach Bedarf

ZUBEREITEN:

Die Hirse in einem Sieb kalt abbrausen und mit Wasser, der Mandelmilch und dem Zimt in den Mixtopf geben. Mit dem Messbecher verschließen und 20 Minuten/80 °C/Stufe 1 garen. Den Mixtopf öffnen und die Hirse 5 Minuten ausquellen lassen.

In der Zwischenzeit den Granatapfel entkernen, die Physalis aus den Hüllen lösen, waschen und halbieren. Mango oder Papaya schälen, entkernen und Fruchtfleisch würfeln. Die Hirse mit den Früchten und dem Amaranth vermischen und bei Bedarf mit dem Zuckerersatz süßen.

TIPP: Granatäpfel entkernen ist ganz einfach: Frucht halbieren und mit der Schnittfläche nach unten über eine Schüssel halten. Mit einem Kochlöffel erst mit der Breitseite, dann mit der schmalen Seite auf die Schale klopfen. Schon fallen die Kerne heraus! 1 Granatapfel ergibt etwa 200–230 g Kerne.

Hirseporridge mit Kürbis

Für 2 Portion • Pro Portion: 249 kcal, 47 g KH, 3 g F, 9 g E

100 g Goldhirse
Salz
300 ml Wasser
150 g Hokkaido-Kürbis
75 ml fettarmer Joghurt
2 EL gehackte Minze

ZUBEREITEN:

Die Hirse in einem Sieb kalt abbrausen und mit 1 Prise Salz und dem Wasser in den Mixtopf geben. 5 Minuten oder länger quellen lassen, dann 10 Minuten/90 °C/Stufe 1 linksdrehend geschlossen garen.

In der Zwischenzeit den Kürbis waschen, putzen, wenn nötig, entkernen und in Würfel schneiden. Zur Hirse geben und 8 Minuten/90 °C/Stufe 1 linksdrehend mitgaren. In eine Schüssel umfüllen, den Joghurt unterheben, eventuell noch mit Salz abschmecken und mit der Minze bestreut servieren.

TIPP: Süßen mit Zuckerersatz ist natürlich erlaubt. Sehr gut dazu schmecken pro Portion 2 EL vom Apfelmus – Rezept gleich auf der nächsten Seite.

Apfelmus ohne Zucker

Für ca. 8 Portionen • Pro Portion: 69 kcal, 15 g KH, 1 g F, 0 g E

1 kg Bio-Äpfel
½ Bio-Zitrone oder -Orange
1 Stück Ingwer (walnussgroß)
1 gestrichener TL gemahlener Zimt
½ TL gemahlene Vanille
1 Päckchen Zitronensäure
100 ml Wasser
Zuckerersatz nach Belieben

VORBEREITEN:

Die Äpfel waschen, vierteln und das Kerngehäuse entfernen. Die Schale kann dranbleiben, denn die Messer des Thermomix® pürieren superfein. Die Schale der halben Zitrone oder Orange abreiben, die Frucht auspressen. Den Ingwer schälen und in Scheiben schneiden.

ZUBEREITEN:

Alle Zutaten in den Mixtopf geben, den Messbecher aufsetzen und 15 Minuten/100 °C/Stufe 1 kochen. Etwas abkühlen lassen, dann 25 Sekunden/Stufe 5 pürieren. (Messbecher einsetzen!)
Nach Belieben mit Zuckerersatz süßen.

TIPP **1:** Ein besonderes Marzipanaroma bekommt Ihr Apfelmus, wenn Sie ein paar Tropfen Bittermandelöl untermischen. Süßen Sie das Apfelmus erst kurz vor dem Verzehr – seine feine Säure harmoniert auch ungesüßt gut zum Beispiel mit frischem Beerenobst.

TIPP **2:** Nach demselben Rezept können Sie auch Birnenmus (mit nur 50 ml Wasser) oder Quittenmus (20 Minuten Kochzeit) zubereiten. Oder Sie geben einfach mal 1–2 Quitten zu den Äpfeln.

Chia-Pudding mit Granatapfelkernen

Für 2 Portionen • Pro Portion: 279 kcal, 20 g KH, 11 g F, 22 g E

- 30 g Chia-Samen
- 30 g gemahlene Mandeln
- 200 ml Mandelmilch
- ½ reifer Granatapfel
- 20 g Hirseflocken
- 250 g Magerquark
- 2 EL Zuckerersatz

VORBEREITEN:

Die Chia-Samen mit den gemahlenen Mandeln und der Mandelmilch 1 Stunde (oder über Nacht) quellen lassen. Den Granatapfel halbieren und die Kerne herausnehmen. (Wie das am besten geht, lesen Sie auf Seite 52.) Die Hirseflocken in einer beschichteten Pfanne ohne Fett goldgelb rösten.

ZUBEREITEN:

Die Chia-Samen-Mischung in den Mixtopf geben und mit dem Magerquark und dem Zuckerersatz 15 Sekunden/Stufe 2 linksdrehend glatt rühren. 2 Gläser oder kleine Schüsseln zu ⅔ mit der Masse füllen, die Hirseflocken einstreuen und die restliche Quarkmasse mit den Granatapfelkernen vermischt darübergeben.

INFO: Chia-Samen sind derzeit hip! Aber zu Recht, enthalten sie doch reichlich Antioxidantien, Proteine, Ballast- und Mineralstoffe. Vollgepackt mit Omega-3-Fettsäuren, übertreffen sie Lachs & Co. Da sie im Magen weiter aufquellen, machen sie länger satt und helfen beim Abnehmen. Sie passen in alle Flüssigkeiten – so auch in Smoothies und Suppen. Einfach reinstreuen und Gesundes genießen.

Terrinen und Aufstriche

Hähnchenterrine mit Pistazien

Für ca. 18 Scheiben

Pro Scheibe: 80 kcal, 3 g KH, 4 g F, 8 g E

500 g Hühnerbrustfilet

450 ml Sahne zum Kochen (7 % Fett)

2 Scheiben Toastbrot

2 Eiweiß

50 g Pistazien

Salz, Pfeffer

1 TL Ras el Hanout

Saft und Schale ½ Bio-Zitrone

VORBEREITEN:

Die Hühnerbrustfilets in grobe Würfel schneiden und für 1 Stunde in das Tief-kühlfach geben. Der Thermomix® kann das so angefrorene Fleisch gleichmäßi-ger zerkleinern. 250 ml Sahne zum Kochen ebenfalls ins Tiefkühlfach geben, damit sie richtig gut kalt wird.

Den Backofen auf 180 °C vorheizen und eine Kasserolle, in die die verwendete Terrinenform passt, 2 Fingerbreit mit Wasser gefüllt hineinstellen.

ZUBEREITEN:

Das Toastbrot 6 Sekunden/Stufe 4 zerkleinern. Umfüllen in eine Schüssel und mit 200 ml Sahne vermischen. Das Fleisch mit den Eiweißen in den Mixtopf ge-ben, den Messbecher aufsetzen und 10 Sekunden/Stufe 6 zerkleinern. Die ge-kühlte Sahne, die Sahne-Toast-Mischung und die übrigen Zutaten in den Mixtopf geben und 30 Sekunden/ Stufe 4 linksdrehend gut vermischen. Masse in eine kalt ausgespülte Terrinenform (oder Kastenform) füllen. Zugedeckt in das Wasserbad im Backofen stellen und 1 Stunde bei 180 °C garen. Herausnehmen, vollständig auskühlen lassen und aus der Form heben.

INFO: Ras el Hanout ist eine typisch marokkanische Gewürzmischung, die sehr gut zu Geflügel passt. Wörtlich übersetzt heißt es: »Kopf des Ladens«, was bedeutet, dass nur der Chef weiß, was alles enthalten ist. Häufigste Zutaten sind: Muskat, Rosenknospen, Zimt, Anis, Chili, Lavendel und Pfeffer. Sie bekommen das Gewürz in verschiedenen Mahlstufen an Gewürzständen auf dem Markt und in gut sortierten Supermärkten. Ersatzweise können Sie jeweils ½ TL Zimt, Muskatnuss, Nelken, Kurkuma und Knoblauch verwenden.

TIPP: Servieren Sie die Terrinenscheiben als Hauptgericht auf einem gemischten Salat. Sie können sie aber auch in einer Box verpackt als Imbiss mitnehmen.

Quark-Kräuter-Terrine

Für ca. 10 Portionen • Pro Portion: 41 kcal, 3 g KH, 1 g F, 5 g E

je 3 Stängel glatte Petersilie und Dill
(oder je 2 EL tiefgekühlt)
½ Bund Radieschen (etwa 100 g)
1 Bund Frühlingszwiebeln
½ Bio-Zitrone
250 g Magerquark
250 ml Kefir
Salz
Bindemittel für 500 ml Flüssigkeit
(z. B. Gelatine oder Guarkernmehl)

VORBEREITEN:

Frische Petersilie und Dill waschen, gut trocken schütteln und die Blättchen von den Stängeln zupfen. Die Radieschen waschen und putzen. Die Frühlingszwiebeln abziehen, waschen und mit viel Grün grob in Stücke schneiden. Die Zitrone waschen, abtrocknen, von ½ Frucht die Schale abraspeln und den Saft auspressen.

ZUBEREITEN:

Radieschen und Frühlingszwiebeln in den Mixtopf geben, den Messbecher aufsetzen und 3 Sekunden/Stufe 5 zerkleinern. Mit dem Spatel nach unten schieben, die Kräuter dazugeben und weitere 3 Sekunden/Stufe 5 zerkleinern. Die übrigen Zutaten bis auf das Bindemittel in den Mixtopf geben und 5 Sekunden/Stufe 2 verrühren. Das Bindemittel nach Packungsanleitung auflösen, dazugeben und in 10 Sekunden/Stufe 2 gut unterrühren. Masse in eine kalt ausgespülte Terrinenform oder mehrere Gratinförmchen füllen und mindestens 6 Stunden im Kühlschrank kalt stellen. Stürzen und zum Beispiel auf einem bunten Salat servieren.

TIPP: Etwas edler können Sie die Terrine mit 1 Päckchen Räucherlachs (200 g) gestalten. Kleiden Sie die Form vor dem Füllen mit 4 Scheiben Räucherlachs aus und legen Sie die restlichen Scheiben obenauf.

Hüttenkäseaufstrich »italienisch«

Für 4 Portionen • Pro Portion: 82 kcal, 3 g KH, 5 g F, 8 g E

2 Tomaten

100 g Rucola

50 g Pecorino

100 g Hüttenkäse

1–2 EL weißer Balsamessig

Salz, Pfeffer

VORBEREITEN:

Die Tomaten waschen, vierteln und die Stielansätze herausschneiden. Den Rucola waschen und gut trocken schütteln.

ZUBEREITEN:

Den Pecorino in den Mixtopf geben, den Messbecher aufsetzen und 5 Sekunden/Stufe 8 zerkleinern. Tomaten und Rucola zugeben und 10 Sekunden/Stufe 4 mithilfe des Spatels zerkleinern. Hüttenkäse, Balsamessig, Salz und Pfeffer dazugeben und 10 Sekunden/Stufe 3 cremig mixen.

Kräuter-Tofu-Aufstrich

Für ca. 8 Portionen • Pro Portion: 69 kcal, 6 g KH, 4 g F, 3 g E

1 kleine Dose weiße Bohnen
(200 g Abtropfgewicht)
100 g Seidentofu
3 EL Olivenöl
1 Päckchen gemischte Kräuter,
tiefgekühlt
1–2 EL Reisessig
Salz, Pfeffer

VORBEREITEN:

Die Bohnen in ein Sieb geben, kalt abbrausen und gut abtropfen lassen.

ZUBEREITEN:

Bohnen, Tofu und Olivenöl in den Mixtopf geben, den Messbecher aufsetzen und 15 Sekunden/Stufe 8 fein pürieren. Die Kräuter dazugeben und 5 Sekunden/Stufe 6 untermischen. Mit Reisessig, Salz und Pfeffer abschmecken. Der Aufstrich hält sich in einem Schraubglas bis zu 1 Woche im Kühlschrank.

TIPP: Der Aufstrich braucht gar kein Brot als Unterlage. Streichen Sie die Paste auf Tomaten-, Gurken- oder Zucchinischeiben. Das schmeckt lecker und spart Kohlenhydrate.

Lachsterrine

Für 20 Scheiben • Pro Portion: 98 kcal, 1 g KH, 8 g F, 6 g E

500 g frisches Lachsfilet
1 Bio-Limette
250 ml Sahne
Salz
1 TL schwarze Pfefferkörner
2 TL Rosa Beeren
25 g Pinienkerne
Butter für die Form

VORBEREITEN:

Den Lachs in Würfel schneiden und ca. 30 Minuten im Tiefkühlfach anfrieren lassen. Die Limette waschen, die Schale fein abraspeln, den Saft auspressen.

ZUBEREITEN:

400 g Lachs mit Limettenschale, -saft und Sahne 8 Sekunden/Stufe 6 pürieren. Restlichen Lachs, etwas Salz, Pfefferkörner, Rosa Beeren und Pinienkerne dazugeben und 3 Sekunden/Stufe 5 zerkleinern. Backofen auf 180° C vorheizen. Eine Terrinenform (ca. 25 cm lang) ausbuttern, die Lachsfarce einfüllen und glatt streichen. Verschließen und in eine große Auflaufform 3 Finger breit mit heißem Wasser gefüllt stellen. Auf der mittleren Schiene des Backofens 35-40 Minuten stocken lassen. Auskühlen lassen und im Kühlschrank kalt stellen. Dann auf eine Platte stürzen und mit Salat garniert servieren.

TIPP: **Als Garnitur eignet sich gemischter Pflücksalat vom Markt mit Paprikastreifen. Als Dressing können Sie geriebenen Ingwer oder Meerrettich (aus dem Glas) mit 2 EL Limettensaft, Salz, Pfeffer und Olivenöl zu einer Vinaigrette verquirlen.**

Rote-Bete-Creme mit Feta

Für 4 Portionen • Pro Portion: 125 kcal, 4 g KH, 10 g F, 5 g E

**100 g Schafs- oder Ziegenfeta
100 g Rote Beten (vorgekocht und eingeschweißt aus dem Supermarkt)
1 EL Oliven- oder Walnussöl
1–2 TL Meerrettich (aus dem Glas)
frisch geriebene Muskatnuss
Salz, Pfeffer
1–2 TL weißer Essig**

VORBEREITEN:

Den Feta trocken tupfen und mit einer Gabel zerbröseln. Die Roten Beten grob klein schneiden.

ZUBEREITEN:

Die Roten Beten mit dem Olivenöl, Meerrettich, den Gewürzen und dem Essig 10 Sekunden/Stufe 4–5 ansteigend fein pürieren. Eventuell mit noch mehr Salz, Pfeffer und Essig pikant abschmecken. In eine Schüssel umfüllen und den Käse unterheben.

TIPP: **Die Creme können Sie auf Vorrat zubereiten. Sie hält sich in einem Schraubglas im Kühlschrank bis zu 2 Wochen. Den Feta dann jeweils erst vor dem Servieren dazugeben.**

Superschnell und pfiffig: Rohkost

Pikante Möhren mit Oliven

Als Hauptgericht 1 Portion oder für 2 als Beilage

Für 1 Portion: 261 kcal, 27 g KH, 19 g F, 4 g E

200 g Möhren

2 Frühlingszwiebeln

2 Stängel glatte Petersilie oder Majoran

1 Stück Ingwer (haselnussgroß)

½ Bio-Orange

10 schwarze Oliven

1 EL Walnussöl

Salz, Pfeffer

VORBEREITEN:

Die Möhren schälen, putzen und grob in Stücke schneiden. Die Frühlingszwiebeln abziehen, waschen und in Ringe schneiden. Petersilie oder Majoran waschen, gut trocken schütteln und die Blättchen von den Stängeln zupfen. Den Ingwer schälen. Die Orange heiß waschen, 1 TL Schale abraspeln und 50 ml Saft auspressen. Die Oliven entsteinen und halbieren.

ZUBEREITEN:

Möhrenstücke, Petersilie oder Majoran, Ingwer, Orangenschale und -saft, Öl, Salz und Pfeffer in den Mixtopf geben und 5 Sekunden/Stufe 5 zerkleinern. Die Zwiebelringe und Oliven in den Mixtopf geben und 5 Sekunden/Stufe 1 linksdrehend vermischen.

TIPP: **Der Möhrenrohkost bekommt es besonders gut, wenn sie 10–15 Minuten durchziehen kann. Lassen Sie sie im Mixtopf und rühren Sie erst kurz vor dem Servieren nochmals linksdrehend um.**

Kohlrabirohkost mit Walnüssen und Aprikosen

Für 2 Portionen • Pro Portion: 209 kcal, 35 g KH, 6 g F, 8 g E

1 kleiner Kohlrabi

2 Möhren

2 kleine säuerliche Äpfel (z. B. Elstar)

100 ml fettarmer Joghurt

6 Walnusskernhälften

4 getrocknete Aprikosen

Salz, Pfeffer

VORBEREITEN:

Den Kohlrabi und die Möhren schälen und grob in Stücke schneiden. Die Äpfel waschen, vierteln und die Kerngehäuse entfernen.

ZUBEREITEN:

Alle Zutaten in den Mixtopf geben und 4 Sekunden/Stufe 4–5 zerkleinern. Mit Salz und Pfeffer pikant abschmecken und sofort servieren.

TIPP: Zur Saison, wenn die Aprikosen schön reif und aromatisch sind (bei uns etwa ab Anfang Juli), können Sie statt der getrockneten auch 2 frische Früchte verwenden.

Fruchtiger Salat mit Kiwi

Für 2 Portionen • Pro Portion: 312 kcal, 34 g KH, 15 g F, 8 g E

200 g Eisbergsalat
100 g Cherry-Rispentomaten
1 Möhre
2 Frühlingszwiebeln
2 Kiwis
2 EL weißer Balsamessig
1 EL Olivenöl
Salz, Pfeffer
1 kleine Dose Mais (140 g Abtropfge-
wicht)
2 EL Mandeln oder Pinienkerne

VORBEREITEN:

Die Blätter vom Eisbergsalat abtrennen, waschen und gut trocken schütteln. Die Tomaten waschen. Die Möhre schälen, putzen, waschen und grob in Stücke schneiden. Die Frühlingszwiebeln abziehen, waschen und putzen. Die Kiwis schälen.

ZUBEREITEN:

Die vorbereiteten Zutaten mit Balsamessig, Olivenöl, Salz und Pfeffer in den Mixtopf geben, den Messbecher aufsetzen und 3 Sekunden/Stufe 5 zerkleinern. In eine Schüssel umfüllen. Den Mais abtropfen lassen und untermischen. Die Mandeln oder Pinienkerne in einer beschichteten Pfanne ohne zusätzliches Fett rösten und über den Salat streuen.

Radieschen-Apfel-Mix mit Ricotta

Für 2 Portionen • Pro Portion: 230 kcal, 15 g KH, 16 g F, 6 g E

250 g Radieschen

1 Apfel (ca. 150 g)

1 Tomate

Saft ½ Zitrone

1 Handvoll Basilikumblätter

10 g Walnussöl

20 g Wal- oder Pekannüsse

60 g Ricotta

VORBEREITEN:

Die Radieschen waschen und putzen. Den Apfel waschen, vierteln und das Kerngehäuse entfernen. Die Tomate waschen, halbieren und den Stielansatz entfernen. Die halbe Zitrone auspressen. Das Basilikum waschen, gut trocken schütteln und die Blätter von den Stielen zupfen.

ZUBEREITEN:

Alle vorbereiteten Zutaten mit dem Öl, den Nüssen und dem Ricotta in den Mixtopf geben, den Messbecher aufsetzen und 5 Sekunden/Stufe 4 zerkleinern.

TIPP: Wenn Sie nur 1 Portion, zum Beispiel abends mit 1 Scheibe Pumpernickel (ca. 50 kcal, 10 g KH), essen, kann der Rest in einem Schraubgefäß verschlossen gut für den nächsten Tag als Lunch aufbewahrt werden.

Radieschenrohkost mit Mangold und Nüssen

Für 1 Portion • 283 kcal, 7 g KH, 25 g F, 7 g E

2 Blätter Mangold (ersatzweise 25 g Babyspinat)
150 g Radieschen
100 g Zucchini
15 g Haselnüsse oder Cashewkerne
1 EL Walnussöl
1 EL weißer Essig
1 TL Rosa Beeren
Salz, Pfeffer

VORBEREITEN:

Die Mangoldblätter waschen und gut trocken schütteln. Die Radieschen waschen und putzen. Zucchini waschen und putzen.

ZUBEREITEN:

Alle Zutaten in den Mixtopf geben, den Messbecher aufsetzen und 6 Sekunden/Stufe 5 zerkleinern. In eine kleine Schüssel füllen und nochmals mit Salz und Pfeffer abschmecken.

INFO: Rosa Beeren werden zwar auch roter Pfeffer genannt, sind aber keiner. Ihr süßlich-herbes Aroma entfaltet sich erst richtig, wenn man sie zerstößt oder – wie hier – im Thermomix® zerkleinert. Die getrockneten Beeren gibt es in gut sortierten Supermärkten.

Gefüllte Avocado mit Thunfisch

Für 2 Portionen • Pro Portion: 296 kcal, 12 g KH, 22 g F, 15 g E

200 g Avocado (vorbereitet gewogen)
1 hart gekochtes Ei
1 kleine rote Zwiebel
½ Zitrone
2 Stängel Dill oder glatte Petersilie
1 EL Olivenöl
1 Dose Thunfisch naturell (100 g Abtropfgewicht)
Salz, Pfeffer

VORBEREITEN:

Die Avocado längs halbieren, den Kern entfernen und das Fruchtfleisch aus der Schale löffeln, ohne die Schale zu verletzen. Das Ei schälen. Die Zwiebel abziehen und halbieren. Die halbe Zitrone auspressen. Die Dill- oder Petersilienblätter waschen, gut trocken schütteln und die Blättchen von den Stängeln zupfen.

ZUBEREITEN:

Die vorbereiteten Zutaten mit dem Öl in den Mixtopf geben, den Messbecher aufsetzen und 3 Sekunden/Stufe 5 zerkleinern. In eine Schüssel umfüllen, den abgetropften Thunfisch untermischen und das Ganze mit Salz, Pfeffer und nach Belieben noch mehr Zitronensaft abschmecken und in den Avocadoschalen servieren.

TIPP: **Manchmal gibt es rote Schalotten zu kaufen. Die machen sich besonders fein mit den Avocados. Gut kann zur Abwechslung auch mal ein (sehr) kleiner roter Apfel mit rein.**

Thunfischsalat mit Pinienkernen

Für 1 Portion • 328 kcal, 15 g KH, 17 g F, 28 g E

1 Knoblauchzehe
2 Stängel glatte Petersilie
1 kleine rote Spitzpaprikaschote
2 mittelgroße Tomaten
Salz, Pfeffer
2 EL weißer Essig
1 Dose Thunfisch naturell (100 g Abtropfgewicht)
1 EL Olivenöl
10 g Pinienkerne

VORBEREITEN:

Die Knoblauchzehe abziehen. Die Petersilie waschen, trocken schütteln und die Blätter von den Stängeln zupfen. Die Paprikaschote waschen, putzen, längs aufschlitzen und die Kerne und weißen Rippen entfernen. Die Tomaten waschen, 1 ½ davon in dünne Scheiben schneiden. Auf einem Teller ausbreiten und mit Salz, Pfeffer und 1 EL Essig würzen. Den Thunfisch aus der Dose in ein Sieb geben und gut abtropfen lassen.

ZUBEREITEN:

Knoblauch, Petersilienblätter, Paprikaschote, die halbe Tomate, den Thunfisch, den restlichen Essig und das Olivenöl in den Mixtopf geben, den Messbecher aufsetzen und 3 Sekunden/Stufe 5 zerkleinern.
Den Salat auf den Tomaten anrichten und mit den Pinienkernen bestreut servieren.

Weißkohl mit Bohnen und Apfel

Für 2 Portionen • Pro Portion: 383 kcal,
40 g KH, 17 g F, 13 g E

100 g Weißkohl

100 g Eisbergsalat

1 Tomate

1 kleiner säuerlicher Apfel

1 kleine rote Zwiebel

2 EL Apfelessig

2 EL Olivenöl

Salz, Pfeffer

1 kleine Dose Mais (140 g Abtropfgewicht)

1 kleine Dose Kidneybohnen (200 g Abtropfgewicht)

VORBEREITEN:

Weißkohl und Eisbergsalat in Blätter teilen, waschen und gut trocken schütteln. Die Tomate waschen, halbieren und den Stielansatz entfernen. Den Apfel waschen, vierteln und das Kerngehäuse entfernen. Die Zwiebel abziehen und halbieren.

ZUBEREITEN:

Die vorbereiteten Zutaten mit Essig, Öl, Salz und Pfeffer in den Mixtopf geben und 3 Sekunden/Stufe 5 mithilfe des Spatels zerkleinern. In eine Schüssel umfüllen und den abgetropften Mais und die Kidneybohnen unterheben.

TIPP: **Der Salat wird schön cremig, wenn Sie einen Teil der Kidneybohnen mitmixen.**

Wirsing mit Sellerie und Orange

Für 2 Portionen • Pro Portion: 249 kcal, 23 g KH, 14 g F, 6 g E

15 g Sonnenblumenkerne

2 Orangen

150 g Wirsing

100 g Möhren

2 Stängel Staudensellerie

Saft ½ Zitrone

Salz, Pfeffer

2 EL Olivenöl, am besten mit Orangenaroma

VORBEREITEN:

Die Sonnenblumenkerne in einer beschichteten Pfanne ohne Fett rösten. 1 Orange auspressen. Die andere Orange schälen, die weiße Haut entfernen und in Spalten teilen. Den Wirsing in Blätter teilen, waschen, Blätter trocken schütteln und grob hacken. Die Möhren schälen, putzen und in Stücke schneiden. Staudensellerie, wenn nötig, dünn abschälen und ebenfalls in Stücke schneiden.

ZUBEREITEN:

Alle Zutaten bis auf die Orangenspalten und die Sonnenblumenkerne in den Mixtopf geben, den Messbecher aufsetzen und 12 Sekunden/Stufe 4 mithilfe des Spatels zerkleinern. Wenn Ihnen die Stücke noch zu groß scheinen, nochmals 2–3 Sekunden/Stufe 4 zerkleinern. Auf 2 Tellern anrichten, mit den Sonnenblumenkernen bestreuen und mit den Orangenspalten dekoriert servieren.

INFO: Die relativ vielen Kohlenhydrate kommen von den Orangen, die aber andererseits auch viel Vitamin C aufweisen. Wenn Sie diese KH vermeiden wollen, lassen Sie die Orangenspalten weg und sparen 9 g KH pro Portion.

Asiasalat mit Shirataki-Nudeln

Für 2 Portionen • Pro Portion: 227 kcal, 17 g KH, 15 g F, 9 g E

1 Stück Ingwer (etwa walnussgroß)
100 g Möhren
½ Kohlrabi
1 kleine gelbe Paprikaschote
1 EL Mandelmus (aus dem Glas oder Rezept Seite 47)
1 EL Sesampaste (Tahin)
1 EL Sojasauce
1 EL Zitronen- oder Limettensaft
500 ml Wasser
200 g Shirataki-Nudeln (Asialaden oder Reformhaus)
1 EL Sesamsaat

VORBEREITEN:

Den Ingwer schälen und vierteln. Möhren und Kohlrabi waschen, schälen und grob zerteilen. Die Paprikaschote waschen, putzen und vierteln. Alternativ können Sie das Gemüse in feine Streifen schneiden.

ZUBEREITEN:

Den Ingwer in den Mixtopf geben, den Messbecher aufsetzen und 3 Sekunden/Stufe 7 zerkleinern. Mit dem Spatel nach unten schieben und Mandelmus, Sesampaste, Sojasauce und Zitronensaft dazugeben. 10 Sekunden/Stufe 4 mixen. Die Marinade in eine Schüssel umfüllen und den Mixtopf spülen. Das Gemüse, wenn Sie es nicht in Streifen geschnitten haben, in den Mixtopf geben und 5 Sekunden/Stufe 5 zerkleinern. In das Garkörbchen umfüllen bzw. das geschnittene Gemüse in das Körbchen geben. 500 ml Wasser in den Mixtopf füllen, das Garkörbchen einsetzen und 10 Minuten/Varoma/Stufe 0,5 garen.
In der Zwischenzeit die Shirataki-Nudeln nach Packungsanleitung kochen oder in heißem Wasser ziehen lassen. Die Sesamsaat in einer beschichteten Pfanne ohne Fett rösten. Gemüse und Nudeln in einer Schüssel mit der Marinade vermischen und mit Sesamsaat bestreut lauwarm servieren.

Rote Bete mit Nüssen und Äpfeln

Für 2 Portionen • Pro Portion: 349 kcal, 23 g KH, 25 g F, 4 g E

2 kleine säuerliche Äpfel
2 Stängel frische Minze
200 g Rote Bete (vorgekocht und eingeschweißt aus dem Supermarkt)
1 TL Kümmel
30 g gemischte Nüsse
2 EL Walnussöl
2 EL Zitronen- oder Limettensaft
2 EL saure Sahne

VORBEREITEN:

Die Äpfel waschen, vierteln und die Kerngehäuse entfernen. Die Minze waschen, gut trocken schütteln und die Blättchen von den Stängeln zupfen.

ZUBEREITEN:

Alle Zutaten bis auf die saure Sahne in den Mixtopf geben, den Messbecher
aufsetzen und 5 Sekunden/Stufe 5 zerkleinern. Auf 2 Teller verteilen und die
saure Sahne obenauf setzen.

Suppen –
fix und flüssig

Babyspinatcreme

Für 2 Portionen • Pro Portion: 139 kcal, 10 g KH, 9 g F, 7 g E

2 Schalotten
1 Knoblauchzehe
300 g Babyspinat (vom Markt oder aus
dem Supermarktkühlregal in Beutel
verpackt)
1 EL Rapsöl
400 ml Gemüsebrühe
Salz, Pfeffer
etwas frisch geriebene Muskatnuss
100 g fettarmer Joghurt

VORBEREITEN:

Schalotten und Knoblauchzehe abziehen. Frischen Spinat waschen, verlesen und gut abtropfen lassen.

ZUBEREITEN:

Schalotten und Knoblauchzehe in den Mixtopf geben, den Messbecher aufsetzen und 3 Sekunden/Stufe 5 zerkleinern. Mit dem Spatel nach unten schieben, das Öl dazugeben und 3 Minuten/120 °C/Stufe 2 andünsten. Die Gemüsebrühe und den Spinat in den Mixtopf geben und 10 Minuten/100 °C/Stufe 2 köcheln. Dann 10 Sekunden/Stufe 5–7 ansteigend pürieren. Mixtopf mit Messbecher verschließen! Suppe mit Salz, Pfeffer und Muskatnuss abschmecken und den Joghurt dazugeben. 10 Sekunden/Stufe 3 einrühren und sofort auf 2 Teller verteilen.

TIPP: Wenn Sie die Suppe etwas gehaltvoller genießen wollen, geben Sie vor dem Servieren noch pro Portion 30 g gewürfelten Schafskäse oder Blauschimmelkäse dazu.

Auberginen-Erdnuss-Suppe

Für 2 Portionen • Pro Portion: 270 kcal, 15 g KH, 21 g F, 9 g E

2 Schalotten

1 Stück Ingwer (etwa walnussgroß)

1 kleine Chilischote

1 Aubergine (ca. 300 g)

1 EL Rapsöl

400 ml Gemüsebrühe

2 EL gehackte Erdnüsse

1–2 EL Erdnussbutter

Salz, Pfeffer

Zitronensaft

2 EL fettarmer Frischkäse

VORBEREITEN:

Die Schalotten abziehen und halbieren. Den Ingwer schälen und vierteln. Die Chilischote längs aufschlitzen, waschen, putzen und dabei die Kerne entfernen. Die Aubergine waschen, putzen und grob in Würfel schneiden.

ZUBEREITEN:

Schalotten, Ingwer und Chilischoten mit dem Öl in den Mixtopf geben. Den Messbecher aufsetzen und 3 Sekunden/Stufe 6 zerkleinern. Mit dem Spatel nach unten schieben und 4 Minuten/120° C/Stufe 1,5 dünsten. Die Auberginen-würfel dazugeben und weitere 2 Minuten/120° C/Stufe 1 dünsten. Die Brühe angießen und die Suppe 20 Minuten/90° C/Stufe 1 kochen. Die Erdnüsse in einer beschichteten Pfanne ohne Fett goldgelb rösten.

Die Erdnussbutter zur Suppe in den Mixtopf geben und alles 20 Sekunden/Stufe 3–5 ansteigend pürieren – nicht vergessen, den Mixtopf mit dem Messbecher zu verschließen. Spritzgefahr!

Die Suppe mit Salz, Pfeffer und Zitronensaft abschmecken und auf 2 Teller verteilen. Mit den gerösteten Erdnüssen bestreuen und den Frischkäse in die Mitte setzen.

Kürbissuppe mit Lachs

Für 4 Portionen • Pro Portion: 366 kcal, 30 g KH, 19 g F, 10 E

1 mittelgroße Zwiebel

1 Knoblauchzehe

1 Möhre

1 kleiner Hokkaido-Kürbis oder

750 g von einen größeren Exemplar

1 EL Rapsöl

600 ml Gemüsebrühe

25 g Kokosraspeln

je ½ TL gemahlener Kreuzkümmel

und Koriander

4 Scheiben geräucherter Lachs

Salz, Pfeffer

Zitronensaft nach Belieben

2 EL fein gehackte Petersilie oder

Schnittlauch in Röllchen

bunter Pfeffer

VORBEREITEN:

Die Zwiebel und Knoblauchzehe abziehen. Zwiebel vierteln. Die Möhre schälen, waschen, putzen und grob in Stücke schneiden. Den Kürbis heiß waschen (die Schale wird mitverwendet), die Kerne entfernen und die Frucht grob würfeln.

ZUBEREITEN:

Zwiebel, Knoblauch und Öl in den Mixtopf geben, mit dem Messbecher verschließen und 3 Sekunden/Stufe 5 zerkleinern. Mit dem Spatel nach unten schieben. 3 Minuten/120 °C/Stufe 1 dünsten. Die Möhrenstücke dazugeben und 5 Sekunden/Stufe 5 zerkleinern. Die Kürbisstücke dazugeben und 4 Sekunden/Stufe 5 zerkleinern. Gemüsebrühe, Kokosraspeln, Kreuzkümmel und Koriander dazugeben und 12 Minuten/100 °C/Stufe 1 garen. (Zudecken – es spritzt!) Dann 30 Sekunden/Stufe 4–7 ansteigend pürieren.

Den Lachs in Streifen schneiden.

Die Suppe mit Salz, Pfeffer und nach Belieben mit Zitronensaft abschmecken, in
4 tiefe Teller geben, die Lachsstreifen in die Mitte setzen und mit Petersilie oder
Schnittlauch und buntem Pfeffer bestreut servieren.

**TIPP: Die Kokosraspeln widersetzen sich hartnäckig auch dem schärfsten
Püriermesser. Wenn Sie diesen »Biss« nicht mögen: Es gibt in sehr gut sortierten Supermärkten oder in Asialäden Kokosnusspulver, das zur Zube-
reitung von Kokosnussmilch gedacht ist. Davon nehmen Sie für die Suppe
2 Esslöffel.**

Minestrone

Für 4 Portionen • Pro Portion: 204 kcal, 21 g KH, 8 g F, 10 g E

1 mittelgroße Zwiebel

1 Knoblauchzehe

1 kleine Stange Lauch

1 Fleischtomate

1 rote Paprikaschote

300 g gemischtes Gemüse (z. B. Möhre, grüne Bohnen, Brokkoli, Kartoffel)

1 EL Olivenöl

1 l Gemüsebrühe

Salz, Pfeffer

1–2 TL Paprikapulver edelsüß oder rosenscharf

1 kleine Dose Riesenbohnen (200 g Abtropfgewicht)

4 EL frisch geriebener Parmesan nach Belieben

VORBEREITEN:

Die Zwiebel und den Knoblauch abziehen. Zwiebel vierteln. Die Lauchstange putzen, längs aufschlitzen, gründlich waschen und in Stücke schneiden. Die Tomate waschen, vierteln und die Stielansätze herausschneiden. Die Paprikaschote waschen, putzen und vierteln. Das übrige Gemüse ebenfalls waschen, putzen und in Würfel schneiden.

ZUBEREITEN:

Zwiebel, Knoblauch und Lauch in den Mixtopf geben, Messbecher aufsetzen und 5 Sekunden/Stufe 5 zerkleinern. Mit dem Spatel nach unten schieben. Das Olivenöl dazugießen und 3 Minuten/120 °C/Stufe 2 andünsten. Tomaten- und Paprikastücke in den Mixtopf geben und 6 Sekunden/Stufe 4 zerkleinern.

Das übrige Gemüse mit der Gemüsebrühe, Salz, Pfeffer und Paprikapulver zufügen und 15 Minuten/100 °C/Stufe 1 linksdrehend kochen.

Die Bohnen aus der Dose in ein Sieb geben und kalt abspülen. In die Suppe geben und 2 Minuten/100 °C/Stufe 1 linksdrehend erwärmen. Suppe mit Salz und Pfeffer abschmecken und nach Belieben mit je 1 EL Parmesan bestreut servieren.

TIPP: Fein schmeckt auch eine cremige Variante dieser Low-Carb-Fassung der klassischen italienischen Gemüsesuppe: 50 ml Sahne zum Kochen (7 %) und 2 EL fettarmen Frischkäse zusammen mit den Bohnen in den Mixtopf geben.

Zucchini-Kokos-Creme

Für 1 Portion • 246 kcal, 15 g KH, 19 g F, 4 g E

1 kleine Zwiebel

1 kleiner Zucchino

1 EL Öl

250 ml Gemüsebrühe

15 g Kokospulver

1 TL Tandoori-Gewürzzubereitung

Salz, Pfeffer

Zitronensaft

VORBEREITEN:

Die Zwiebel abziehen und halbieren. Den Zucchino waschen, putzen und grob zerteilen.

ZUBEREITEN:

Zwiebel und Öl in den Mixtopf geben, den Messbecher aufsetzen und 3 Sekunden/Stufe 5 zerkleinern. Mit dem Spatel nach unten schieben und 3 Minuten/120 °C/Stufe 2 andünsten. Die Zucchinistücke dazugeben und 4 Sekunden/Stufe 5 zerkleinern. Die Brühe, das Kokospulver und das Tandoori-Gewürz dazugeben und 10 Minuten/100 °C/Stufe 1 kochen. Mit Salz, Pfeffer und Zitronensaft abschmecken. Nach Belieben die Suppe 10 Sekunden/Stufe 5–7 ansteigend fein pürieren (Messbecher einsetzen!) oder die kleinen bissfesten Zucchinistücke genießen.

TIPP: Etwas gehaltvoller wird die Suppe zum Beispiel mit 1 EL Mascarpone oder Frischkäse obenauf. Sie können auch in Streifen geschnittenen Räucherlachs kurz in der Suppe erwärmen oder 1 Scheibe in Streifen geschnittenen Parmaschinken in einer beschichteten Pfanne ohne zusätzliches Fett kross anbraten und über die Suppe streuen.

Möhren-Orangen-Suppe

Für 4 Portionen

Pro Portion: 118 kcal, 17 g KH, 5 g F, 3 g E

1 kleine Zwiebel

1 Stück Ingwer (etwa walnussgroß)

500 g Möhren

1 Orange

10 g Rapsöl

750 ml Gemüsebrühe

Salz, Pfeffer

80 g saure Sahne

Schnittlauch in Röllchen nach Belieben

VORBEREITEN:

Die Zwiebel abziehen und halbieren. Das Stück Ingwer schälen. Die Möhren schälen, waschen und putzen, die Orange auspressen.

ZUBEREITEN:

Zwiebel, Ingwer und Öl in den Mixtopf geben, mit dem Messbecher verschließen und 3 Sekunden/Stufe 6 zerkleinern. Mit dem Spatel nach unten schieben. Anschließend 3 Minuten/120 °C/Stufe 2 dünsten. Die Möhren dazugeben und 7 Sekunden/Stufe 5–7 ansteigend zerkleinern. Die Brühe angießen und das Ganze 20 Minuten/100 °C/Stufe 2 kochen lassen. Auf den Stufen 5–7 ansteigend in etwa 20 Sekunden pürieren, bis die gewünschte Cremigkeit erreicht ist. Mit Salz und Pfeffer abschmecken, den Orangensaft und die saure Sahne dazugeben und 10 Sekunden sanft auf Stufe 2 linksdrehend verrühren. Suppe nach Belieben mit Schnittlauch bestreut servieren.

Wirsingsuppe mit Mascarponenocken

Für 4 Portionen • Pro Portion: 187 kcal, 9 g KH, 14 g F, 7 g E

Für die Mascarponenocken:

1 EL gehacktes Basilikum, frisch oder
tiefgekühlt
100 g Mascarpone
1 EL Meerrettich (aus dem Glas oder
aus der Tube)
1 EL Semmelbrösel
Salz, Pfeffer

VORBEREITEN:

Alle Zutaten in einer Schüssel oder im Mixtopf (10 Sekunden/Stufe 5) vermischen und beiseitestellen, bis die Suppe fertig ist.

Für die Suppe:

500 g Wirsing
1 große Zwiebel
1 EL Rapsöl
1 l Gemüsebrühe
½ TL Zimt
4 getrocknete Tomaten in Öl
Salz, Pfeffer

VORBEREITEN:

Vom Wirsing den harten Strunk entfernen. Blätter waschen und trocken schütteln. Die großen, dunklen Blätter grob hacken. Von den hellen Blättern 2 Handvoll in etwa 1 cm breite Streifen schneiden und in den Varoma geben. Die restlichen Blätter ebenfalls hacken. Die Zwiebel abziehen und vierteln.

ZUBEREITEN:

Zwiebel und Öl in den Mixtopf geben, den Messbecher aufsetzen und 3 Sekunden/Stufe 5 zerkleinern. Anschließend 3 Minuten/120 °C/Stufe 2 andünsten. Die Hälfte des Wirsings in den Mixtopf geben und mithilfe des Spatels 20 Sekunden/Stufe 5 zerkleinern. Den restlichen Wirsing und 500 ml Gemüsebrühe in den Mixtopf geben und 10 Sekunden/Stufe 5 zerkleinern. (Der Wirsing kann nicht auf einmal zerkleinert werden, denn er ist zu voluminös für den Mixtopf.) Die restliche Brühe und den Zimt zufügen. Den Varoma mit den Wirsingstreifen aufsetzen und 20 Minuten/Varoma/Stufe 1 garen.

In der Zwischenzeit die getrockneten Tomaten in Streifen schneiden. Den Varoma abnehmen und beiseitestellen. Die Suppe 40 Sekunden/Stufe 4–6 ansteigend grob pürieren. (Messbecher nicht vergessen. Es spritzt!) Mit Salz und Pfeffer abschmecken. Die Suppe auf 4 Teller verteilen, die Tomaten- und Wirsingstreifen darauf verstreuen. Aus der Mascarpone-Masse Nocken formen und in die Mitte setzen.

TIPP: Statt der getrockneten Tomaten können Sie die Suppe auch zum Beispiel mit 50 g mageren Schinkenwürfeln anreichern, die Sie in einer beschichteten Pfanne ohne zusätzliches Fett knusprig braten.

Pfifferlingcreme

Für 2 Portionen • Pro Portion: 213 kcal, 16 g KH, 11 g F, 9 g E

250 g frische Pfifferlinge (ersatzweise
25 g getrocknete)
1 Bund Frühlingszwiebeln
10 g Butter
400 ml Pilzfond (aus dem Glas)
100 ml Sahne zum Kochen (7 % Fett)
Salz, Pfeffer
frisch geriebene Muskatnuss nach
Geschmack
2 EL Crème légère
schwarzer Pfeffer aus der Mühle

VORBEREITEN:

Die Pilze putzen und mit einer weichen Bürste säubern. Getrocknete Pilze ½ Stunde in lauwarmem Wasser einweichen. Die Frühlingszwiebeln abziehen, waschen, in grobe Stücke schneiden und etwas vom dunklen Grün aufheben.

ZUBEREITEN:

Die Frühlingszwiebeln in den Mixtopf geben, den Messbecher aufsetzen und 2 Sekunden/Stufe 5 zerkleinern. Mit dem Spatel nach unten schieben und nochmals 3 Sekunden/Stufe 5 weiter zerkleinern. Die Butter dazugeben und 3 Minuten/120 °C/Stufe 1 andünsten. Die Pfifferlinge dazugeben (getrocknete Pilze mit dem Einweichwasser), den Pilzfond angießen und 15 Minuten/90 °C/Stufe 1 sanft garen.

In der Zwischenzeit etwas vom übrigen dunklen Grün der Frühlingszwiebel in feine Röllchen schneiden – etwa 2 EL voll. Einige schöne Pilze aus der Suppe fischen, die Sahne zum Kochen in den Mixtopf geben, den Messbecher aufsetzen und alles 50 Sekunden/Stufe 5–10 ansteigend fein pürieren.

Mit Salz, Pfeffer und Muskatnuss nach Geschmack würzen. Die Suppe auf 2 Teller verteilen, je 1 EL Crème légère in die Mitte setzen und mit den übrigen Pilzen und den Frühlingszwiebelröllchen bestreut servieren. Nach Belieben mit schwarzem Pfeffer aus der Mühle bestreuen.

INFO: **Zur Saison (ab etwa Ende Juni bis Herbst) sollten Sie diese Suppe auch mal mit Steinpilzen probieren. Die haben dann ein unvergleichliches Aroma. Besonders schön im herbstlichen Wald: selbst sammeln. Aber Vorsicht! Erst bei einen Pilzkurs mitmachen, denn der Steinpilz kann leicht mit giftigen und ungenießbaren Brüdern verwechselt werden. Oder Sie nehmen an einer geführten Wanderung teil. Die gibt's bestimmt auch in Ihrer Region.**

Gazpacho

Für 4 Portionen • Pro Portion: 121 kcal, 14 g KH, 5 g F, 3 g E

½ Brötchen oder 2 Scheiben Toastbrot

2 Knoblauchzehen

1 kleine Zwiebel

150 g Salatgurke

1 rote Paprikaschote

1 kleine rote Peperonischote (nach Belieben)

500 g reife Tomaten

250 ml Gemüsebrühe

2 EL Olivenöl

1 EL Balsamessig

Salz, Pfeffer

einige Basilikumblätter

VORBEREITEN:

Das halbe Brötchen in lauwarmem Wasser einweichen. Knoblauchzehen und Zwiebel abziehen. Zwiebel halbieren. ⅔ der Gurke schälen und grob in Stücke schneiden, restliche Gurke beiseitelegen. Paprika- und Peperonischote waschen und putzen. Ebenfalls ⅔ davon grob in Stücke schneiden und den Rest beiseitelegen. Die Tomaten waschen, eine Tomate beiseitelegen, die restlichen halbieren und die Stielansätze herausschneiden.

ZUBEREITEN:

Knoblauch, Zwiebel, Paprika- und Peperonistücke in den Mixtopf geben, den Messbecher aufsetzen und 5 Sekunden/Stufe 5 zerkleinern. Mit dem Spatel nach unten schieben und das ausgedrückte halbe Brötchen, Gurkenstücke, Tomaten, Gemüsebrühe und Olivenöl in den Mixtopf geben und 40 Sekunden/Stufe 5–10 langsam ansteigend fein pürieren. In eine Schüssel umfüllen und mit Balsamessig, Salz und Pfeffer abschmecken. Mehrere Stunden kalt stellen.

Vor dem Servieren die restlichen Gurken-, Paprika- und Peperonistücke würfeln. Die übrige Tomate heiß überbrühen, kalt abschrecken und die Haut abziehen. Halbieren, die Stielansätze und Kerne entfernen und das Fruchtfleisch klein würfeln. Die Suppe nochmals gut durchrühren, auf tiefe Teller oder Gläser verteilen. Das gewürfelte Gemüse obenauf geben oder getrennt dazu reichen und die Suppe mit Basilikum dekoriert servieren.

TIPP: Die eisgekühlte spanische Suppe ist im Sommer sehr erfrischend und wird gerne auch noch mit gehackten Zwiebeln und gehacktem hart gekochten Ei serviert. Croûtons sind ebenfalls oft mit dabei, wir haben aber von den Tomaten und der Paprikaschote schon genügend Kohlenhydrate auf dem Teller.

Paprikasuppe mit Mozzarella

Für 3 Portionen • Pro Portion: 202 kcal, 10 g KH, 14 g F, 9 g E

1 Schalotte
1 Knoblauchzehe
400 g rote Spitzpaprika
1 EL Olivenöl
500 ml Gemüsebrühe
1 Kugel Mozzarella
Salz, Pfeffer

VORBEREITEN:

Die Schalotte und Knoblauchzehe abziehen. Die Spitzpaprika waschen, putzen, entkernen und vierteln.

ZUBEREITEN:

Schalotte, Knoblauchzehe und Olivenöl in den Mixtopf geben, mit dem Messbecher verschließen und 3 Sekunden/Stufe 5 zerkleinern. Mit dem Spatel nach unten schieben und 3 Minuten/120 °C/Stufe 1 andünsten. Die Paprikaschoten dazugeben und 8 Sekunden/Stufe 6 zerkleinern. Die Gemüsebrühe angießen und 10 Minuten/100 °C/Stufe 1 weich kochen. In der Zwischenzeit den Mozzarella abtropfen lassen und vierteln. In die Suppe geben und 40 Sekunden/Stufe 6–8 ansteigend pürieren. (Messbecher aufsetzen nicht vergessen – die heiße Suppe könnte herausspritzen!) Mit Salz und Pfeffer abschmecken und sofort heiß servieren.

TIPP: Wenn möglich, reinigen Sie Mixtopf und Messer, sofort nachdem Sie die Suppe entnommen haben. Der pürierte Mozzarella ist zwar sehr lecker, aber erstaunlich klebrig und später schwierig zu entfernen.

Kalte Gurkensuppe mit Kefir

Für 2 Portionen • Pro Portion: 308 kcal, 16 g KH, 16 g F, 21 g E

1 kleine Salatgurke

5 Stängel Basilikum

1–2 Knoblauchzehen

½ rote Peperonischote nach Belieben

500 ml Kefir

Salz, Pfeffer

1 Kugel Mozzarella

4 getrocknete Tomaten

1 Stängel Dill

VORBEREITEN:

Die Gurke waschen und aus der Mitte einige dünne Scheiben zur Dekoration herausschneiden. Die restliche Gurke schälen und grob zerkleinern. Das Basilikum waschen, gut trocken schütteln und die Blätter abzupfen. Einige Blätter zur Dekoration beiseitelegen. Die Knoblauchzehen abziehen. Die Peperonischote, falls Sie eine verwenden wollen, waschen und die Kerne und Trennhäutchen entfernen.

ZUBEREITEN:

Gurkenstücke, Basilikum, Knoblauch und eventuell auch die Peperonischote in den Mixtopf geben, Kefir dazugießen, den Messbecher aufsetzen und 45 Sekunden/Stufe 5–9 ansteigend pürieren. Mit Salz und Pfeffer abschmecken.
Den Mozzarella würfeln, die getrockneten Tomaten in Streifen schneiden. Die Suppe auf 2 Teller verteilen, Mozzarella und getrocknete Tomaten obenauf geben und mit den restlichen Basilikumblättern, Gurkenscheiben und dem Dill dekorieren.

Kalte Gurkensuppe mit Joghurt

Für 2 Portionen • Pro Portion: 197 kcal, 12 g KH, 11 g F, 10 g E

25 g geschälte Haselnüsse

1 kleine Salatgurke

2 Stängel Dill

300 ml fettarmer Joghurt

100 ml stilles Mineralwasser

1–2 EL Zitronensaft

Salz, Pfeffer

VORBEREITEN:

Die Haselnüsse grob hacken und in einer beschichteten Pfanne ohne Fett rösten, bis sie duften. Die Salatgurke heiß waschen, putzen und in Stücke schneiden. Den Dill waschen und gut trocken schütteln. Die Blättchen von den Stängeln zupfen.

ZUBEREITEN:

Dill und Gurkenstücke in den Mixtopf geben und 5 Sekunden/Stufe 4 zerkleinern. Den Joghurt dazugeben und 20 Sekunden/Stufe 1 verrühren. Mit Mineralwasser verdünnen und mit Zitronensaft, Salz und Pfeffer abschmecken und mit den Haselnüssen bestreut servieren.

Erbsensuppe mit Minze

Für 2 Portionen • Pro Portion: 188 kcal, 25 g KH, 3 g F, 11 g E

2 Schalotten

1 kleine mehlig kochende Kartoffel

½ Bio-Limette

4 Stängel Minze

1 EL Rapsöl

300 g Erbsen, tiefgekühlt

500 ml Gemüsebrühe

1 TL Wasabipaste

50 g Soja Cuisine

Salz

VORBEREITEN:

Die Schalotten abziehen. Die Kartoffel schälen, waschen und in Stücke schneiden. Die halbe Limette auspressen. Die Minze waschen, gut trocken schütteln und die Blätter abzupfen.

ZUBEREITEN:

Die Schalotten in den Mixtopf geben, den Messbecher aufsetzen und 3 Sekunden/Stufe 5 zerkleinern. Mit dem Spatel nach unten schieben, das Öl dazugeben und 3 Minuten/120 °C/Stufe 1 dünsten. 250 g Erbsen, Kartoffelstücke, ¾ der Minze und Gemüsebrühe in den Mixtopf geben und 15 Minuten/100 °C/Stufe 1 kochen. Limettensaft, Wasabi und Soja Cuisine dazugeben und 20 Sekunden/Stufe 5–9 ansteigend pürieren. (Messbecher aufsetzen!) Die restlichen Erbsen dazugeben und 3 Minuten/100 °C/Stufe 1 linksdrehend in der Suppe erwärmen. Mit Salz und nach Geschmack noch mehr Wasabipaste abschmecken. Auf 2 Teller verteilen und mit den restlichen Minzeblättern dekoriert servieren.

Rosenkohlsuppe mit Pinienkernen

Für 2 Portionen • Pro Portion: 241 kcal, 15 g KH, 17 g F, 5 g E

2 Schalotten

3 Stängel glatte Petersilie

1 Möhre

150 g Rosenkohl

1 EL Rapsöl

400 ml Gemüsebrühe oder Kalbsfond

20 g Pinienkerne

100 ml Sahne zum Kochen (7 %; ersatzweise Soja Cuisine)

Salz, Pfeffer

etwas Zitronen- oder Orangensaft nach Belieben

VORBEREITEN:

Die Schalotten abziehen. Die Petersilie waschen und gut trocken schütteln. Von 2 Stängeln die Blätter abzupfen. Die Möhre schälen, putzen, waschen und in etwa ½ cm breite Scheiben schneiden. Den Rosenkohl waschen und putzen. Größere Exemplare halbieren.

ZUBEREITEN:

Schalotten und Petersilienblätter mit dem Öl in den Mixtopf geben, mit dem Messbecher verschließen und 3 Sekunden/Stufe 5 zerkleinern. Mit dem Spatel nach unten schieben und 3 Minuten/120 °C/Stufe 2 andünsten. Die Gemüsebrühe oder Kalbsfond angießen.

Möhrenscheiben und Rosenkohl im Garkörbchen in den Mixtopf einsetzen und 20 Minuten/120 °C/Stufe 1 garen.

In der Zwischenzeit die Blätter vom übrigen Petersilienstängel zupfen und fein hacken. Die Pinienkerne in einer beschichteten Pfanne ohne Fett hellgelb rösten.

Das Garkörbchen herausnehmen und beiseitestellen. Die Sahne in den Mixtopf gießen, den Messbecher aufsetzen und das Ganze 30 Sekunden/Stufe 5–8 ansteigend fein pürieren. Mit Salz, Pfeffer und nach Belieben etwas Zitronen- oder Orangensaft abschmecken. Das Gemüse in den Topf geben und noch 1 Minute/120 °C/Stufe 1 linksdrehend verrühren. Suppe in zwei tiefen Tellern anrichten und mit den Pinienkernen und der gehackten Petersilie bestreut servieren.

Brokkolisuppe mit Parmesan

Für 4 Portionen • Pro Portion: 176 kcal, 14 g KH, 9 g F, 11 g E

400 g Brokkoli

200 g mehlig kochende Kartoffeln

1 Zwiebel

1 Knoblauchzehe

2 Stängel glatte Petersilie

50 g Parmesan

1 EL Olivenöl

900 ml Gemüsebrühe

50 ml Crème légère

Salz, Pfeffer

frisch geriebene Muskatnuss

VORBEREITEN:

Den Brokkoli waschen, die Röschen in mundgerechten Stücken abtrennen und den Stiel grob in Stücke schneiden. Die Kartoffel schälen, waschen und vierteln. Zwiebel und Knoblauchzehe abziehen, Zwiebel halbieren. Die Petersilie waschen, trocken schütteln und die Blätter von den Stängeln zupfen.

ZUBEREITEN:

Den Parmesan in den Mixtopf geben und 8 Sekunden/Stufe 10 reiben. In eine Schüssel umfüllen und beiseitestellen.

Zwiebel, Knoblauch, Petersilie und Olivenöl in den Mixtopf geben, den Messbecher aufsetzen und 3 Sekunden/Stufe 5 zerkleinern. Mit dem Spatel nach unten schieben und 4 Minuten/120 °C/Stufe 1 andünsten. Die Brokkolistiele und Kartoffelstücke dazugeben und 4 Sekunden/Stufe 5 zerkleinern. Die Gemüsebrühe angießen. Den Mixtopf verschließen, den Varoma aufsetzen und die Brokkoliköpfchen hineinlegen. 20 Minuten/Varoma/Stufe 1,5 kochen. Den Varoma abnehmen und beiseitestellen. Den Parmesan und die Crème légère in die Suppe geben, mit dem Messbecher verschließen und 30 Sekunden/Stufe 5–7 pürieren. Mit Salz, Pfeffer und frisch geriebener Muskatnuss abschmecken, auf 4 Teller verteilen und die Brokkoliröschen obenauf geben.

TIPP: Die Suppe können Sie auch gut portionsweise einfrieren. Besser ohne die Crème légère – die könnte beim Auftauen ausflocken. Statt die Creme in die Suppe zu rühren, können Sie sie auch in einem Klacks obenauf setzen.

Tomatensuppe mit Shirataki-Nudeln

Für 2 Portionen • Pro Portion: 178 kcal, 19 g KH, 9 g F, 6 g E

1 mittelgroße Zwiebel

2 Fleischtomaten

200 g Mangold

1 EL Olivenöl

2 EL Tomatenmark

500 ml Gemüsebrühe

Salz, Pfeffer

1 Päckchen Shirataki-Nudeln (150 g)

VORBEREITEN:

Die Zwiebel abziehen und halbieren. Die Fleischtomaten waschen, vierteln und die Stielansätze entfernen. Die Mangoldblätter waschen, die Stiele heraustrennen und die Blätter grob in Streifen schneiden.

ZUBEREITEN:

Die Zwiebel in den Mixtopf geben und 3 Sekunden/Stufe 5 zerkleinern. Mit dem Spatel nach unten schieben. Olivenöl und Tomatenmark dazugeben und 4 Minuten/120 °C/Stufe 2 andünsten. Die Tomaten und die Mangoldstiele dazugeben und 5 Sekunden/Stufe 4 zerkleinern. Die Gemüsebrühe dazugießen und 10 Minuten/100 °C/Stufe 1 linksdrehend kochen. Mit Salz und Pfeffer abschmecken und die Mangoldstreifen in die Suppe geben. 5 Minuten/100 °C/Stufe 1 linksdrehend garen.

In der Zwischenzeit die Shirataki-Nudeln nach Packungsanleitung kochen oder in heißem Wasser ziehen lassen. Durch ein Sieb abgießen, in zwei tiefe Teller geben und die Suppe darüberschöpfen.

INFO: Shirataki bedeutet »weißer Wasserfall« – und so sehen diese kohlenhydratfreien Nudeln auch aus. Sie sind zunächst in Geruch und Konsistenz etwas gewöhnungsbedürftig – als Ersatz für richtige Spaghetti gehen sie eher nicht durch. Als füllende Zutat in einer Suppe oder einem Eintopf sind sie jedoch eine nette Abwechslung.

Bei den hier vorgestellten Suppen mit Shirataki-Nudeln können Sie sie nach Belieben auch weglassen. Nur nicht durch Reisnudeln oder gar Hartweizennudeln ersetzen! Achtung, Carbs!

Champignon-Kokos-Suppe mit Shirataki-Nudeln

Für 2 Portionen • Pro Portion: 241 kcal, 13 g KH, 19 g F, 7 g E

1 Stück Ingwer (walnussgroß)	400 ml Gemüsebrühe
1 Knoblauchzehe	4 Stängel Koriander oder
1 Stängel Zitronengras	glatte Petersilie
200 g weiße Champignons	100 g Konjak- oder
1 EL helle Sojasauce	Shirataki-Nudeln
1 TL Madras-Currypulver	Zitronensaft
1 kleine Dose Kokosmilch (200 ml)	Salz, Pfeffer

VORBEREITEN:

Ingwer schälen, Knoblauch abziehen. Die äußeren Blätter vom Zitronengras entfernen und nur das weiche, weiße Innere verwenden. Die Pilze mit Küchenkrepp abreiben und putzen.

ZUBEREITEN:

Ingwer, Knoblauch und Zitronengras in den Mixtopf geben, mit dem Messbecher verschließen und 3 Sekunden/Stufe 8 zerkleinern. Mit dem Spatel nach unten schieben und nochmals 3 Sekunden/Stufe 8 zerkleinern. Die Champignons dazugeben und 2 Sekunden/Stufe 4 zerkleinern. Sojasoße, Currypulver, Kokosmilch und Brühe in den Mixtopf geben, den Messbecher aufsetzen und 20 Minuten/100 °C/Stufe 1 linksdrehend kochen.

In der Zwischenzeit Koriander oder Petersilie waschen, gut trocken schütteln und die Blätter von den Stängeln zupfen und fein hacken. Die Kojak-Nudeln nach Packungsanleitung kochen oder in heißem Wasser gar ziehen lassen.

Die Suppe mit Salz, Pfeffer und Zitronensaft abschmecken, 10 Sekunden/Stufe 3 verrühren. Die Nudeln auf 2 Teller verteilen und mit der Suppe übergießen. Mit Petersilie oder Koriander bestreut servieren.

Rote-Bete-Sahne-Suppe

Für 4 Portionen • Pro Portion: 135 kcal, 13 g KH, 8 g F, 2 g E

2 Schalotten

1 Knoblauchzehe

1 EL Rapsöl

400 g Rote Bete (vorgekocht und eingeschweißt aus dem Supermarkt)

500 ml Gemüsebrühe

100 ml Crème légère oder saure Sahne

1–2 EL Zitronensaft

Salz, Pfeffer

4 EL fein gehackter Dill

VORBEREITEN:

Die Schalotten und die Knoblauchzehe abziehen.

ZUBEREITEN:

Schalotten, Knoblauchzehe und Öl in den Mixtopf geben, mit dem Messbecher verschließen und in 3 Sekunden/Stufe 5 zerkleinern. Mit dem Spatel nach unten schieben und 3 Minuten/120 °C/Stufe 1 dünsten. Die Rote Bete dazugeben und 2 Sekunden/Stufe 4 zerkleinern. Mit dem Spatel nach unten schieben. Die Gemüsebrühe dazugießen und 10 Minuten/100 °C/Stufe 0,5 garen. 75 ml Crème légère oder saure Sahne dazugeben und nach Belieben 5 Sekunden/Stufe 5 grob pürieren oder 30 Sekunden/Stufe 5–7 ansteigend fein pürieren. Mit Zitronensaft, Salz und Pfeffer abschmecken und 5 Sekunden/Stufe 3 verrühren. Suppe auf die Teller verteilen, mit je einem Klecks der übrigen Crème légère und mit Dill bestreut servieren.

TIPP: **Die Suppe eignet sich nicht so gut zum Einfrieren: Die Rote Bete verliert nicht nur ihre Farbe, sondern leider auch viel von ihrem Aroma.**

Rote-Bete-Suppe mit Haselnüssen

Für 2 Portionen • Pro Portion: 290 kcal, 24 g KH, 19 g F, 5 g E

1 Schalotte

1 kleiner säuerlicher Apfel

1 EL Rapsöl

300 g Rote Bete (vorgekocht und eingeschweißt aus dem Supermarkt)

400 ml Gemüse- oder Fleischbrühe

½ TL Kümmel

2 EL gehackte Haselnüsse oder Mandeln

1 EL Meerrettich (aus dem Glas)

Salz, Pfeffer

2 EL saure Sahne

VORBEREITEN:

Die Schalotte abziehen. Den Apfel vierteln, schälen und das Kerngehäuse entfernen.

ZUBEREITEN:

Schalotte, Apfel und Öl in den Mixtopf geben. Den Messbecher aufsetzen und 3 Sekunden/Stufe 5 zerkleinern. Mit dem Spatel nach unten schieben und 3 Minuten/120 °C/Stufe 2 andünsten. Die Rote Bete, Brühe und Kümmel dazugeben und 8 Minuten/100 °C/Stufe 2 kochen.

In der Zwischenzeit die gehackten Haselnüsse oder Mandeln in einer beschichteten Pfanne ohne zusätzliches Fett goldgelb rösten. Herausnehmen und beiseitestellen. Den Meerrettich in die Suppe geben und 25 Sekunden/Stufe 5–7 ansteigend pürieren.

Suppe mit Salz und Pfeffer abschmecken und auf 2 Teller verteilen. Mit den Haselnüssen bestreuen und jeweils 1 EL saure Sahne in die Mitte setzen.

VARIANTE: Geben Sie in die gekochte Suppe 1 Kugel gewürfelten Mozzarella und pürieren Sie das Ganze wie oben 25 Sekunden/Stufe 5.

Grüne Suppe mit Chorizo und Mandeln

Für 2 Portionen • Pro Portion: 349 kcal, 21 g KH, 20 g F, 18 g E

1 kleiner Apfel
1 Stiel Brokkoli (etwa 200 g)
1 kleiner Zucchino
3 Blätter Wirsing oder Grünkohl
1 EL Rapsöl
200 g Erbsen, tiefgekühlt
500 ml Gemüsebrühe
50 g Chorizo (scharfe spanische Paprikawurst)
2 EL Mandelblättchen

VORBEREITEN:

Den Apfel vierteln, schälen und das Kerngehäuse entfernen. Den Brokkoli und den Zucchino waschen, putzen und grob hacken. Die Wirsing- oder Grünkohlblätter waschen, die harten Mittelrippen entfernen und die Blätter grob hacken.

ZUBEREITEN:

Apfel und Öl in den Mixtopf geben, den Messbecher aufsetzen und 3 Sekunden/Stufe 5 zerkleinern. Anschließend 3 Minuten/100 °C/Stufe 2 andünsten. Das Gemüse und die Gemüsebrühe dazugeben und 25 Minuten/100 °C/Stufe 2 kochen. In der Zwischenzeit die Chorizo klein würfeln und mit den Mandeln in einer beschichteten Pfanne unter Rühren anbraten. Die Chorizo sollte dabei Fett abgeben – wenn nicht: 1 TL Öl dazugeben. Auf Küchenkrepp abtropfen lassen. Die Gemüsesuppe 45 Sekunden/Stufe 6–10 ansteigend fein pürieren (Messbecher als Spritzschutz auf den Mixtopfdeckel setzen!). Auf 2 Teller verteilen und die Chorizo-Mandeln in die Mitte setzen.

INFO: Die meisten Kalorien kommen hier von der Chorizo. Sie sorgt andererseits für viel Aroma – wichtig für den Genuss!

Gemüse

Spinat mit Tellerlinsen

Für 2 Portionen • Pro Portion: 395 kcal, 47 g KH, 10 g F, 25 g E

> 1 mittelgroße Zwiebel
> 2 Knoblauchzehen
> ½–1 Peperonischote nach Belieben
> 250 g frischer Blattspinat
> 1 EL Olivenöl
> 200 g Berglinsen
> 1 TL Garam Masala
> 450 ml Gemüsebrühe
> Salz, Pfeffer

VORBEREITEN:

Die Zwiebel und die Knoblauchzehen abziehen. Zwiebel halbieren. Die Peperonischote aufschlitzen und die Kerne entfernen. Den Spinat waschen, verlesen und gut abtropfen lassen.

ZUBEREITEN:

Zwiebel, Knoblauch und Peperonischote in den Mixtopf geben, den Messbecher aufsetzen und 5 Sekunden/Stufe 5 zerkleinern. Das Olivenöl dazugeben und 3 Minuten/120 °C/Stufe 2 dünsten. Linsen, Garam Masala und Gemüsebrühe einfüllen und 40 Minuten/80 °C/Stufe 1 linksdrehend garen lassen, bis die Linsen schön weich sind. Den Spinat mit dem Spatel unterheben und in 10 Minuten/80 °C/ Stufe 1 linksdrehend fertig garen. Eventuell den Garvorgang nach 5 Minuten unterbrechen (rechte Taste auf null stellen) und den Spinat nochmals mit dem Spatel unterheben. Vor dem Servieren mit Salz und eventuell Pfeffer abschmecken.

TIPP: **Wenn Ihnen das Gericht mit der Peperonischote zu scharf geworden ist, können Sie die Schärfe mit 1 EL Crème légère abmildern.**

Blumenkohl in Safransauce

Für 2 Portionen • Pro Portion: 376 kcal, 11 g KH, 30 g F, 15 g E

20 g Parmesan

1 mittelgroßer Blumenkohl

(ca. 800 g, geputzt gewogen)

100 ml Sahne

1 Döschen Safran

500 ml Wasser

Salz, Pfeffer

25 g Butter

VORBEREITEN:

Den Parmesan in den Mixtopf geben und 5 Sekunden/Stufe 9 reiben. In eine Schüssel umfüllen. Den Blumenkohl putzen, waschen und vierteln. Den Strunk in Stücke schneiden und in den Gareinsatz geben. Die Sahne mit dem Safran vermischen.

ZUBEREITEN:

Wasser in den Mixtopf füllen und den Gareinsatz mit dem Blumenkohlstrunk einhängen. Die Blumenkohlviertel in den Varoma legen, aufsetzen und 20–25 Minuten/Varoma/Stufe 1 garen. Den Varoma abnehmen und beiseitestellen. Das Wasser aus dem Mixtopf abgießen. Blumenkohlstrunk aus dem Gareinsatz, Safransahne, Parmesan, Salz, Pfeffer und Butter im Mixtopf 15 Sekunden/120 °C/Stufe 2 erwärmen. Anschließend 10 Sekunden/Stufe 6 mixen. Die Blumenkohlviertel auf 2 Tellern anrichten und mit der Safransauce begießen.

VARIANTE: Die Safransauce ist auch lecker mit grünen Bohnen: Die Bohnen putzen, waschen und ins Garkörbchen geben. Dann die Sauce wie oben zubereiten.

Sellerielinsen mit Mais

Für 2 Portionen • Pro Portion: 355 kcal, 49 g KH, 4 g F, 20 g E

400 g Staudensellerie (etwa ½ Staude)
100 g rote Linsen
250 ml Gemüsebrühe
1 TL Ras el Hanout
1 kleine Dose Mais (140 g Abtropfgewicht)
20 g Cashewkerne
2 Datteln
1–2 EL weißer Essig
Salz, Pfeffer

VORBEREITEN:

Den Sellerie in Stangen teilen, waschen, putzen und in grobe Stücke schneiden.

ZUBEREITEN:

Selleriestücke in den Mixtopf geben, den Messbecher aufsetzen und 3 Sekunden/ Stufe 5 zerkleinern. In den Varoma umfüllen. Am besten geht das, wenn Sie kaltes Wasser in den Mixtopf geben und den Sellerie wie durch ein Sieb in den Varoma abgießen. Linsen, Gemüsebrühe und Ras el Hanout in den Mixtopf geben, den Varoma mit dem Sellerie aufsetzen und 10 Minuten/Varoma/Stufe 1 garen. Den Mais in den Varoma dazugeben und weitere 5 Minuten/Varoma/Stufe 1 garen.

In der Zwischenzeit die Cashewkerne grob hacken und in einer beschichteten Pfanne ohne zusätzliches Fett goldgelb rösten. Die Datteln in feine Streifen schneiden.

Den Varoma abnehmen und beiseitestellen. Die Linsen 10 Sekunden/Stufe 4 pürieren und mit dem Spatel nach unten schieben. Mit Essig, Salz und Pfeffer abschmecken. Sellerie und Datteln in den Mixtopf geben und 25 Sekunden/Stufe 1 linksdrehend vermischen.

Gemüse auf 2 Tellern anrichten und mit den Cashewkernen bestreut servieren.

Rosenkohl-Maronen-Ragout

Für 2 Portionen • Pro Portion: 397 kcal, 50 g KH, 11 g F, 12 g E

500 g Rosenkohl	100 Sahne zum Kochen (7 % Fett)
1 Schalotte	oder 1 kleine Dose Kokosmilch
500 ml Wasser	(160 g)
250 g vorgekochte Maronen	frisch geriebene Muskatnuss
(vakuumverpackt)	Salz, Pfeffer
10 g Butter	Zitronensaft nach Belieben

VORBEREITEN:

Den Rosenkohl waschen, putzen und Röschen halbieren. Die Schalotte abziehen.

ZUBEREITEN:

Wasser in den Mixtopf füllen. Den Rosenkohl in das Garkörbchen geben und einsetzen. Mixtopf verschließen, Varoma aufsetzen, die Maronen auf dem Einlegeboden verteilen, verschließen und 30 Minuten/Varoma/0,5 garen. Rosenkohl und Maronen beiseitestellen, den Mixtopf ausleeren. Die Schalotte in den Mixtopf geben und 3 Sekunden/Stufe 5 zerkleinern. Mit dem Spatel nach unten schieben und in der Butter 4 Minuten/100 °C/Stufe 2 verschlossen andünsten. Die Kochsahne oder Kokosmilch, die Gewürze, den Rosenkohl und die Maronen dazugeben und 2 Minuten/80 °C/Stufe 1 linksdrehend vermischen. Nach Belieben mit Zitronensaft abschmecken.

INFO: Maronen, früher als »Brot des kleinen Mannes« bezeichnet, dienten häufig als Mehlersatz. Die Kohlenhydrate in unserem Rezept kommen daher auch hauptsächlich von den edlen, nussig schmeckenden Früchten. Da sie aber viel Vitamin B und auch Magnesium enthalten, dürfen sie in der Low-Carb-Ernährung ruhig mal vorkommen.

TIPP: Ein Highlight dazu sind kross gebratene Petersilien- oder Salbeiblätter: 30 g Petersilien- oder Salbeiblätter in 1 EL Olivenöl in einer beschichteten Pfanne braten und anschließend auf Küchenkrepp abtropfen lassen.

Gedünstete Zucchini mit Knoblauchfenchel

Für 2 Portionen • Pro Portion: 253 kcal, 9 g KH, 23 g F, 4 g E

2 mittelgroße Zucchini
3–4 Knoblauchzehen
1 Dolde Gewürzfenchel oder das Grün
einer Fenchelknolle (ersatzweise 5 Stängel
glatte Petersilie)
250 ml Wasser
1 TL Fenchelsamen
3 EL Olivenöl
grobes Meersalz

VORBEREITEN:

Die Zucchini waschen, putzen und in 1 cm breite Scheiben schneiden. Auf dem Varoma-Einlegeboden verteilen. Die Knoblauchzehen abziehen. Das Fenchelgrün waschen, gut trocken schütteln und von den Stielen zupfen.

ZUBEREITEN:

Wasser in den Mixtopf geben, den Varoma aufsetzen und die Zucchini 20–25 Minuten bissfest dämpfen. Varoma abnehmen und beiseitestellen. Den Mixtopf ausleeren. Knoblauch, Fenchelgrün und -samen mit dem Olivenöl in den Mixtopf geben und 4 Sekunden/Stufe 5 zerkleinern. Die Zucchini auf 2 Tellern anrichten, Fenchel-Knoblauch-Gemisch darübergeben und mit dem Meersalz bestreut servieren.

TIPP: **Die Zucchini eignen sich als Gemüsegericht, aber ebenso als Beilage zu kurz gebratenem Fleisch, zum Beispiel Lammkoteletts.**

Weißkohl-Möhren-Eintopf

Für 2 Portionen • Pro Portion: 225 kcal, 19 g KH, 12 g F, 11 g E

400 g Weißkohl (etwa ¼ Kopf)

3 Möhren

1 mittelgroße Zwiebel

1–2 Knoblauchzehen

1 TL Kümmel

1 EL Olivenöl

50 g magere Schinkenwürfel

250 ml Gemüsebrühe

2 Stängel glatte Petersilie

Salz, Pfeffer

Essig zum Abschmecken

50 g saure Sahne

VORBEREITEN:

Den Strunk vom Weißkohl entfernen. Die Blätter vierteln. Die Möhren schälen, putzen und grob zerschneiden. Die Zwiebel abziehen und halbieren. Knoblauchzehen abziehen.

ZUBEREITEN:

Den Weißkohl in den Mixtopf geben, den Messbecher aufsetzen und 2 Sekunden/Stufe 5 zerkleinern und in eine Schüssel umfüllen. Die Möhren in den Mixtopf geben, 2 Sekunden/Stufe 5 häckseln, zum Weißkohl geben und die beiden Gemüse vermischen. Zwiebel, Knoblauch und Kümmel in den Mixtopf geben und 5 Sekunden/Stufe 5 zerkleinern. Das Öl und die Schinkenwürfel dazugeben und 3 Minuten/120 °C/Stufe 2 andünsten. Weißkohl, Möhren und Gemüsebrühe in den Topf dazugeben und 10 Minuten/100 °C/Stufe 2 linksdrehend kochen.

In der Zwischenzeit die Petersilie waschen, trocken schütteln und die Blättchen von den Stielen zupfen. Den Weißkohl-Möhren-Eintopf mit Salz, Pfeffer und nach Belieben Essig abschmecken und mit der Petersilie bestreut servieren. Die saure Sahne obenauf setzen oder getrennt dazu reichen.

Kohlrabi-Lauch-Eintopf

Für 2 Portionen • Pro Portion: 296 kcal, 22 g KH, 20 g F, 8 g E

300 g Kohlrabi
1 Möhre
1 Stange Lauch
3 Frühlingszwiebeln
1 EL Olivenöl
300 ml Gemüsebrühe
100 g Schmand
Salz, Pfeffer
2 EL Schnittlauch in Röllchen

VORBEREITEN:

Den Kohlrabi und die Möhre schälen, putzen und grob in Stücke schneiden. Den Lauch putzen, längs aufschlitzen, gründlich waschen und ebenfalls in Stücke schneiden. Die Frühlingszwiebeln abziehen, waschen und vierteln.

ZUBEREITEN:

Die Kohlrabistücke in den Mixtopf geben, 2 Sekunden/Stufe 5 mithilfe des Spatels zerkleinern und in eine Schüssel umfüllen. Die Möhrenstücke und den Lauch in den Mixtopf geben und ebenfalls 2 Sekunden/Stufe 5 zerkleinern, dann zum Kohlrabi umfüllen. Die Frühlingszwiebeln 5 Sekunden/Stufe 5 zerkleinern, das Olivenöl zugeben und 3 Minuten/120 °C/Stufe 1 dünsten. Das zerkleinerte Gemüse dazugeben, die Brühe angießen, das Garkörbchen als Spritzschutz auf den Deckel stellen und das Gemüse 15–20 Minuten/100 °C/Stufe 1,5 linksdrehend bissfest garen. Den Schmand 5 Sekunden/Stufe 2 linksdrehend einrühren. Gemüse mit Salz und Pfeffer abschmecken, auf 2 Teller verteilen und mit dem Schnittlauch bestreut servieren.

Auberginenröllchen in Tomatensauce mit Parmesan

Für 2 Portionen • Pro Portion: 216 kcal, 17 g KH, 14 g F, 10 g E

15 g Parmesan

1 mittelgroße Aubergine

250 g Tomaten

1 Knoblauchzehe

15 g Rucola oder Salatmix nach Belieben

350 ml Wasser

50 g Magerquark

Salz, Pfeffer

25 g Tomatenmark

2 EL Olivenöl

Balsamessig

VORBEREITEN:

Den Parmesan in den Mixtopf geben und 10 Sekunden/Stufe 10 reiben. In eine Schüssel umfüllen. Die Aubergine waschen und putzen. Mit einem großen Messer längs aus der Mitte 4 etwa 1 cm dicke Scheiben schneiden und diese in den Einlegeboden des Varoma legen. Die »Anschnitte« der Aubergine grob zerschneiden und in den Varoma legen. Die Tomaten waschen, halbieren und die Stielansätze entfernen. Die Knoblauchzehe abziehen. Den Salat waschen und gut abtropfen lassen.

ZUBEREITEN:

300 ml Wasser in den Mixtopf füllen, den Varoma mit den Auberginen aufsetzen und 17 Minuten/Varoma/Stufe 1 weich dünsten. Den Varoma beiseitestellen, den Mixtopf ausleeren. Die Auberginenstücke mit dem Knoblauch, den Salatblättern und dem Quark in den Mixtopf geben und 5 Sekunden/Stufe 5 zerkleinern. In eine Schüssel umfüllen und mit Salz und Pfeffer abschmecken. Den Mixtopf ausspülen. Tomaten, Tomatenmark, 50 ml Wasser und Olivenöl in

den Mixtopf geben und 5 Minuten/120 °C/Stufe 1 offen köcheln lassen. Anschließend 15 Sekunden/Stufe 8 pürieren. Mit Salz, Pfeffer und Balsamessig abschmecken.

In der Zwischenzeit die Auberginenscheiben mit je 1 EL der Quarkmasse bestreichen und von der schmalen Seite her aufrollen. Auf 2 Tellern anrichten, mit der Tomatensauce begießen und mit dem Parmesan bestreut servieren. Die restliche Quarksauce getrennt dazu reichen.

Auberginencurry mit Tofu

Für 2 Portionen • Pro Portion: 468 kcal, 28 g KH, 31 g F, 18 g E

1 rote Chilischote
(oder nur ½, wenn es weniger scharf sein soll)
1–2 Knoblauchzehen
1 Schalotte
300 g Aubergine
1 EL Rapsöl
1 kleine Dose Kokosmilch (200 ml)
1 EL Madras-Currypulver oder
2 TL Currypaste (Asialaden)
150 ml Wasser
5 Stängel Koriander (ersatzweise Petersilie)
1 kleine Dose Kichererbsen
(265 g Abtropfgewicht)
100 g Tofu natur
Salz, Pfeffer

Die Chilischote waschen, längs aufschneiden und die Kerne entfernen. Die Knoblauchzehen und die Schalotte abziehen. Die Aubergine waschen, putzen und in etwa 1,5 cm große Würfel schneiden.

ZUBEREITEN:

Chili, Knoblauch und Schalotte in den Mixtopf geben, den Messbecher aufsetzen und 3 Sekunden/Stufe 5 zerkleinern. Mit dem Spatel nach unten schieben. Das Öl dazugießen und 3 Minuten/120 °C/Stufe 2 dünsten. Auberginenwürfel, Kokosmilch, Currypulver (oder Currypaste) und 150 ml Wasser dazugeben und 15 Minuten/100 °C/Stufe 1 linksdrehend garen.

In der Zwischenzeit den Koriander waschen, gut trocken schütteln und die Blätter von den Stielen zupfen. Die Kichererbsen durch ein Sieb abgießen und abtropfen lassen. Den Tofu in mundgerechte Würfel schneiden. Die Kichererbsen und den Tofu zu den Auberginen geben und 5 Minuten/100 °C/Stufe 1 linksdrehend erhitzen. Mit Salz und Pfeffer abschmecken. Auf 2 tiefe Teller oder Schalen verteilen und mit dem Koriander bestreut servieren.

TIPP 1: **Die meisten Kohlenhydrate kommen bei diesem Gericht von den Kichererbsen, was bei einer Mittagsmahlzeit aber in Ordnung ist. Für ein Abendessen könnten Sie nur die halbe Dose verarbeiten und sparen dann pro Portion 14 g Kohlenhydrate.**

TIPP 2: **Wer kein Fan von Tofu ist, kann ihn entweder weglassen oder durch Schaf- oder Ziegenfeta ersetzen. Das ist zwar etwas fetter, wirkt sich jedoch nicht auf die Kohlenhydrate aus.**

Mangold in Zitronenöl

Für 2 Portionen • Pro Portion: 192 kcal, 9 g KH, 15 g F, 6 g E

1 Staude Mangold (etwa 500 g)

1–2 Knoblauchzehen

250 ml Wasser

30 g Olivenöl

Saft ½ Zitrone

grobes Meersalz

Chiliflocken nach Belieben

Die Mangoldstaude in Blätter teilen, diese gründlich waschen und trocken schütteln. Die harten Rippen keilförmig herausschneiden, in 2 cm lange Streifen schneiden und in den Varoma legen. Die Blätter grob hacken und in den Varoma-Einlegeboden geben. Die Knoblauchzehen abziehen und in feine Scheibchen schneiden.

Wasser in den Mixtopf füllen, den Varoma aufsetzen und den Mangold 15 Minuten/Varoma/Stufe 1 garen. Den Varoma beiseitestellen, den Mixtopf ausleeren und die Knoblauchscheiben im Olivenöl 3 Minuten/120 °C/Stufe 1 andünsten. Den Zitronensaft dazugeben, den Messbecher aufsetzen und 5 Sekunden/Stufe 5 verquirlen. Das Gemüse in den Mixtopf geben und das Ganze 15 Sekunden/80 °C/Stufe 1 linksdrehend vermischen. Mit Meersalz und – nach Belieben – Chiliflocken bestreut servieren.

TIPP: **Dieses Mangoldgemüse passt wunderbar als Beilage für 4 Portionen zu kurz gebratenem Fleisch , schmeckt aber auch zwei Personen als Hauptgericht.**
Wenn Ihre Mangoldstaude größer ist, kein Problem. Mangold hat so wenig Kalorien und Kohlenhydrate, dass Sie davon so viel essen können, wie Sie wollen.

Brokkoli und Möhren in Käsecreme

Für 1 Portion • 272 kcal, 27 g KH, 11 g F, 16 g E

200 g Brokkoli
200 g Möhren
300 ml Wasser
50 ml Sahne zum Kochen (15 % Fett)
1 Ecke Schmelzkäse
frisch geriebene Muskatnuss
Salz, Pfeffer

VORBEREITEN:

Die Brokkoliköpfchen vom Stiel schneiden und in den Varoma-Einlegeboden geben. Den Stiel schälen und in Scheiben schneiden. Die Möhren schälen, putzen, waschen und ebenfalls in Scheiben schneiden. Möhrenscheiben und Brokkolistiele in den Varoma legen.

ZUBEREITEN:

Wasser in den Mixtopf füllen, den Varoma aufsetzen und das Gemüse 20 Minuten/Varoma/Stufe 1 garen. Den Varoma beiseitestellen und den Mixtopf ausleeren. Sahne und den Schmelzkäse in den Mixtopf geben und 2 Minuten/60 °C/Stufe 2 erhitzen, bis der Käse geschmolzen ist. Mit Muskatnuss mild würzen und mit Salz und Pfeffer abschmecken.

Das Gemüse in 1 tiefen – am besten vorgewärmten – Teller geben und mit der Käsesauce begießen.

INFO: Die 27 g Kohlenhydrate kommen hier von den Möhren, die einen hohen glykämischen Index haben. Das Gemüse in diesem Rezept ist jedoch lediglich ein Vorschlag – Sie können auch jeweils 200 g einer anderen Sorte nehmen. Zu Brokkoli passt auch gut weißer Spargel – dann wären es nur noch 13 g Kohlenhydrate und 216 kcal.

Fleisch

Rinderbällchen in Tomatensauce

Für 2 Portionen • Pro Portion: 440 kcal, 12 g KH, 30 g F, 31 g E

1 mittelgroße Zwiebel
2 Knoblauchzehen
5 Stängel glatte Petersilie
500 g reife, aromatische Tomaten
20 g Parmesan
2 EL Rapsöl
200 g Rinderhackfleisch
1 Ei
Salz, Pfeffer
15 g Tomatenmark

VORBEREITEN:
Zwiebel und Knoblauchzehen abziehen. Zwiebel halbieren. Die Petersilie waschen, gut trocken schütteln und die Blätter von den Stielen zupfen. Die Tomaten waschen, halbieren und die Stielansätze entfernen.

ZUBEREITEN:
Für die Rinderbällchen den Parmesan in den Mixtopf geben und 10 Sekunden/ Stufe 9 raspeln (Topf mit dem Messbecher verschließen!) und in eine Schüssel umfüllen. Die ½ Zwiebel, 1 Knoblauchzehe und die Petersilie in den Mixtopf geben und 3 Sekunden/Stufe 7 zerkleinern. Mit dem Spatel nach unten schieben und Vorgang wiederholen. 1 EL Öl dazugeben und 5 Minuten/120 °C/ Stufe 1 dünsten. Mit dem Rinderhackfleisch, dem Ei, dem Parmesan, Salz und Pfeffer 10 Sekunden/Stufe 4 vermischen. In eine Schüssel umfüllen und mit

feuchten Händen 10 kleine Bällchen formen und diese in den dünn eingefetteten Varoma-Einlegeboden legen. Den Mixtopf ausspülen, die restliche halbe Zwiebel und die Knoblauchzehe hineingeben und 3 Sekunden/Stufe 7 zerkleinern. Das restliche Öl dazugeben und 3 Minuten/120 °C/Stufe 1 andünsten. Das Tomatenmark und die Tomaten dazugeben und 10 Sekunden/Stufe 6 pürieren. Den Varoma aufsetzen und die Fleischbällchen über der Tomatensauce 20 Minuten/100 °C/Stufe 1 garen. Zum Servieren die Fleischbällchen in tiefe Teller geben und mit der Sauce übergießen.

TIPP: Die Tomatensauce können Sie gut auf Vorrat zubereiten und dann die Fleischbällchen nach Belieben auch mal in der Pfanne braten und mit der Sauce servieren.

Lammlachse in Wirsingblättern

Für 2 Portionen • Pro Portion: 447 kcal, 12 g KH, 23 g F, 46 g E

1 kleiner Wirsing (ca. 750 g)

1 kleine Zwiebel

2 Stängel Dill oder Majoran (oder jeweils

1 flacher EL getrocknet)

1 EL Rapsöl

350 ml Wasser

2 EL weißer Essig

1–2 TL Kümmel

2 marinierte Lammlachse (à ca. 150 g)

40 g Feta

Salz, Pfeffer

50 g Crème légère

VORBEREITEN:

4 große äußere Wirsingblätter abteilen. Oben und unten im Varoma locker verteilen. 15 Minuten/Varoma/Stufe 1 dämpfen, bis die Blätter weich sind. Blätter und Gerät abkühlen lassen. In der Zwischenzeit den restlichen Wirsing achteln und den harten Strunk entfernen. Die Zwiebel abziehen und halbieren, Dill oder Majoran waschen, trocken schütteln und Blättchen von den Stielen zupfen.

ZUBEREITEN:

Den Wirsing in den Mixtopf geben und 10 Sekunden/Stufe 5 mithilfe des Spatels zerkleinern und in eine Schüssel umfüllen. Zwiebel und Dill oder Majoran in den Mixtopf geben, den Messbecher aufsetzen und 5 Sekunden/Stufe 5 zerkleinern. Mit dem Spatel nach unten schieben und das Öl dazugeben. 3 Minuten/120 °C/Stufe 2 andünsten.

Den Wirsing einfüllen, Wasser, Essig und Kümmel dazugeben und 20 Minuten/100 °C/Stufe 1 linksdrehend garen.

In der Zwischenzeit die Lammlachse quer halbieren und auf die blanchierten Wirsingblätter legen. Jeweils 10 g Feta darauf verteilen, zu Päckchen aufrollen und mit Zahnstochern fixieren. Mit der Naht nach unten in den Varoma legen. Nach Ende der Wirsinggarzeit Varoma auf den Mixtopf setzen, noch mal 20 Minuten/100 °C/Stufe 1 einstellen und alles zusammen fertig garen. Den Varoma abnehmen und beiseitestellen. Den Wirsing mit Salz und Pfeffer abschmecken und Crème légère in den Mixtopf geben und 10 Sekunden/Stufe 2 vermischen. Die Wirsingpäckchen auf 2 Tellern anrichten und das Gemüse danebensetzen.

TIPP: **Wenn Sie keine Lust haben, Päckchen zu machen, bereiten Sie den gesamten Wirsing als Gemüse zu und legen als Beilage 2 Scheiben Kasseler (à etwa 150–200 g) gleich zu Beginn der Wirsinggarzeit in den Varoma-Einlegeboden. Das Fleisch nach 20 Minuten Garzeit wenden. Vorsicht beim Heben des Varoma-Deckels! Ein gutes Aroma bekommt das Fleisch, wenn Sie es auf je 1 Lorbeerblatt und 3 zerdrückte Wacholderbeeren legen.**

Kohlrouladen mit Tomatensauce

Für 4 Portionen • Pro Portion: 436 kcal, 27 g KH, 22 g F, 32 g E

1 Brötchen (möglichst vom Vortag)	1 Ei
1 kleiner Kopf Weißkohl (ca. 1 kg)	½ TL getrockneter Thymian
5 Stängel glatte Petersilie	1 TL Paprikapulver edelsüß oder
1 Zwiebel	rosenscharf
2 Knoblauchzehen	Pfeffer
500 g Tomaten	½ Peperonischote nach Belieben
Salz	400 ml Gemüsebrühe
1 EL Rapsöl	2 EL Tomatenmark
50 g magere Schinkenwürfel	1 flacher TL Verdickungsmittel
400 g Rinderhackfleisch	(z. B. Guarkernmehl)

VORBEREITEN:

Das Brötchen grob würfeln und in lauwarmem Wasser einweichen. Den Strunk des Kohlkopfs kegelförmig herausschneiden und die äußeren Blätter entfernen. In reichlich kochendem Wasser 10–15 Minuten blanchieren, bis sich 8 Blätter leicht lösen lassen. (Am besten mit einer Küchenzange arbeiten.) Die Petersilie waschen, trocken schütteln und die Blätter von den Stängeln zupfen. Die Zwiebel und Knoblauchzehen abziehen. Zwiebel halbieren. Die Tomaten waschen, vierteln, die Stielansätze entfernen und das Fruchtfleisch grob würfeln.

ZUBEREITEN:

Zwiebel, Knoblauch, Petersilie und Öl in den trockenen Mixtopf geben und 5 Sekunden/Stufe 5 zerkleinern. Die Schinkenwürfel dazugeben und 3 Minuten/120 °C/Stufe 2 dünsten. Das Brötchen gut ausdrücken und in den Mixtopf geben. Rinderhackfleisch, Ei und die Gewürze dazugeben und 1 Minute/Stufe 2,5 verrühren. In eine Schüssel umfüllen und den Mixtopf ausspülen.

Die blanchierten Kohlblätter auf der Arbeitsfläche ausbreiten und je 1 gehäuften EL der Hackfleischfüllung darauf verteilen. Die Blätter seitlich einschlagen, aufrollen und mit Zahnstochern fixieren. Im Varoma und Varoma-Einlegeboden verteilen. Die Gemüsebrühe in den Topf geben, den Varoma aufsetzen und die Kohlrouladen 20 Minuten/Varoma/Stufe 0,5 garen. Dann die Tomaten (und eventuell die halbe Peperonischote) in den Mixtopf geben und alles zusammen weitere 10 Minuten/Varoma/Stufe 1 garen. Den Varoma abnehmen und beiseitestellen. Tomatenmark und Verdickungsmittel in den Mixtopf geben und 15 Sekunden/Stufe 3 verrühren, mit dem Messbecher verschließen und 15 Sekunden/Stufe 6–8 ansteigend pürieren. Die Rouladen auf vorgewärmten Tellern anrichten und mit der Tomatensauce begießen.

TIPP: Wenn Sie einen Teil des übrigen Kohlkopfs gleich verbrauchen wollen: den Strunk entfernen und die Blätter grob zerhacken. Mit etwas Kümmel im Varoma unter den Rouladen ausbreiten und mitgaren.

Da so ein Kohl unglaublich ergiebig ist und immer noch etwas übrig bleibt: Auf Seite 75 gibt es ein Rezept für Rohkost mit Weißkohl und auf Seite 118 einen Eintopf mit Weißkohl und Möhren.

Putenkasseler mit Rosenkohl

Für 2 Portionen • Pro Portion: 269 kcal, 22 g KH, 4 g F, 35 g E

500 g Rosenkohl
100 g Knollensellerie
150 g Möhren
500 ml Wasser
2 Scheiben Putenkasseler (à ca. 125 g)
1 EL Crème légère
Salz, Pfeffer

VORBEREITEN:

Den Rosenkohl waschen, putzen und halbieren. Sellerie und Möhren schälen, waschen und grob in Stücke schneiden.

ZUBEREITEN:

Sellerie und Möhren in den Mixtopf geben, mit dem Messbecher verschließen und 10 Sekunden/Stufe 5 zerkleinern. Mit dem Spatel nach unten schieben und Wasser angießen. Den Rosenkohl in das Garkörbchen geben und einsetzen. Mixtopf verschließen, den Varoma aufsetzen und die Kasselerscheiben auf den Einlegeboden geben. 30 Minuten/Varoma/Stufe 0,5 linksdrehend garen. Den Varoma abnehmen, das Garkörbchen mit dem Spatel herausnehmen und beides beiseitestellen. Die Garflüssigkeit vom Möhren-Sellerie-Gemüse abgießen, die Crème légère dazugeben und 5 Sekunden/Stufe 5 pürieren. Mit Salz und Pfeffer abschmecken. Das Möhren-Sellerie-Gemüse auf 2 Tellern anrichten, das Fleisch darauflegen und den Rosenkohl rundherum verteilen.

Hähnchenfrikadellen mit grünen Bohnen

Für 2 Portionen • Pro Portion: 412 kcal, 25 g KH, 11 g F, 42 g E

300 g Hähnchenbrustfilet

1 Brötchen

2 Schalotten

1–2 Knoblauchzehen

500 g grüne Bohnen

Salz, Pfeffer

2 EL Kapern

500 ml Wasser

1 EL Olivenöl

VORBEREITEN:

Das Fleisch in etwa 2 cm große Würfel schneiden und für 1 Stunde im Tiefkühlfach anfrieren lassen. Das Brötchen in lauwarmem Wasser einweichen. Die Schalotten und Knoblauchzehen abziehen. Die Bohnen putzen, waschen und in den Gareinsatz geben.

ZUBEREITEN:

Schalotten und Knoblauch in den Mixtopf geben und 5 Sekunden/Stufe 5 zerkleinern. Mit dem Spatel nach unten schieben. Das Fleisch und das ausgedrückte Brötchen dazugeben und 3 Sekunden/Stufe 6 zerkleinern. In eine Schüssel umfüllen und den Mixtopf ausspülen. Die Fleischmasse mit Salz und Pfeffer würzen und die Kapern unterheben. Mit feuchten Händen 10 kleine Frikadellen formen und in den Varoma-Behälter legen. Wasser in den Mixtopf geben, den Gareinsatz mit den grünen Bohnen einhängen, Varoma aufsetzen und 20 Minuten/Varoma/Stufe 0,5 garen. Die Bohnen auf 2 Teller verteilen, mit je ½ EL Olivenöl beträufeln und die Frikadellen obenauf setzen.

Hähnchenklöße in Gemüsebrühe

Für 4 Portionen • Pro Portion: 220 kcal, 23 g KH, 4 g F, 21 g E

Für die Klöße nehmen Sie das Rezept für die Hähnchenfrikadellen auf Seite 135 und geben noch die Blätter von 2 Stängeln Petersilie dazu. Statt 10 kleinen Frikadellen formen Sie 16 kleine Klöße – die lassen sich in der Suppe besser essen.

Für die Brühe:

1 Bund Frühlingszwiebeln

1 Knoblauchzehe

1 kleine Stange Lauch

1 kleine Fenchelknolle

2 Möhren

1 EL Rapsöl

1,2 l Wasser

1 Lorbeerblatt

3 Wacholderbeeren

10 Pfefferkörner

Salz, Pfeffer

VORBEREITEN:

Die Frühlingszwiebeln putzen, waschen und vierteln. Die Knoblauchzehe abziehen. Die Lauchstange putzen, längs aufschlitzen, gründlich waschen und grob in Stücke schneiden. Die Fenchelknolle putzen, waschen und in Streifen schneiden. Das Fenchelgrün beiseitelegen. Die Möhren schälen, putzen, waschen und in Scheiben schneiden.

ZUBEREITEN:

Frühlingszwiebeln, Knoblauch und Lauch in den Mixtopf geben, den Messbecher aufsetzen und 5 Sekunden/Stufe 5 zerkleinern. Das Öl dazugeben und 3 Minuten/120 °C/Stufe 2 andünsten. Das übrige Gemüse mit 1,2 l Wasser und den Gewürzen in den Mixtopf geben und 10 Minuten /90 °C/Stufe 1 kochen. Den Gareinsatz als Spritzschutz obenauf setzen. Dann den Gareinsatz entfernen, den Varoma mit den Hähnchenklößen aufsetzen und weitere 20 Minuten/ Varoma/Stufe 1 garen.

In der Zwischenzeit das Fenchelgrün hacken. Den Varoma abnehmen und beiseitestellen. Die Suppe mit Salz und Pfeffer abschmecken. Das Lorbeerblatt und – wenn möglich – die Wacholder- und Pfefferkörner herausfischen. Die Suppe auf tiefe Teller verteilen, je 4 Klößchen hineingeben, Suppe mit dem Fenchelgrün bestreuen und servieren.

TIPP: Wenn Sie die Suppe gehaltvoller möchten, können Sie noch 100 g Shirataki-Reis dazugeben, den Sie nach Packungsanleitung in kochendem Wasser quellen oder in der Suppe mitkochen lassen.

Putenfrikadellen auf Kürbisgemüse

Für 2 Portionen • Pro Portion: 492 kcal, 33 g KH, 18 g F, 64 g E

Für die Frikadellen:
300 g Putenbrustfilet
2 Stängel glatte Petersilie
1 Zwiebel
1 Ei
Salz, Pfeffer
25 g Semmelbrösel

VORBEREITEN:
Das Putenbrustfilet in Würfel schneiden und 1 Stunde im Tiefkühlfach anfrieren lassen.
Die Petersilie waschen, trocken schütteln und Blätter von den Stielen zupfen. Die Zwiebel abziehen und halbieren.

ZUBEREITEN:
Die vorbereiteten Zutaten mit dem Ei, Salz und Pfeffer in den Mixtopf geben und 5 Sekunden/Stufe 5 zerkleinern. In eine Schüssel umfüllen, die Semmelbrösel untermischen und mit feuchten Händen kleine Frikadellen formen. In den Varoma legen. Den Mixtopf säubern und gut abtrocknen.

Für das Kürbisgemüse:

50 g Parmesan

400 g Hokkaido-Kürbis

1 TL Kümmel

1 TL Meersalz

500 ml Wasser

100 ml Sahne zum Kochen (7 % Fett)

1 TL Kurkuma

Salz, Pfeffer

VORBEREITEN:

Den Parmesan für das Kürbisgemüse 5 Sekunden/Stufe 9 reiben und in eine Schüssel umfüllen. Die Hokkaido-Schale reinigen, Kürbis aufschneiden, Kerne entfernen. Kürbis mit der Schale in Würfel schneiden und mit Kümmel und Salz vermischen. Auf den Einlegeboden des Varoma legen.

ZUBEREITEN:

Den Mixtopf spülen, Wasser hineingeben, den Varoma aufsetzen und die Frikadellen 15 Minuten/Varoma/Stufe 1 garen. Den Einlegeboden mit dem Kürbis aufsetzen und alles zusammen weitere 10 Minuten/Varoma/Stufe 1 garen.

Den Varoma abnehmen und beiseitestellen, das Wasser ausgießen. Die Sahne mit Parmesan und Kurkuma in den Topf geben und 1 Minute/120 °C/Stufe 2 verrühren. Mit Salz und Pfeffer abschmecken. Die Sahnesauce auf 2 tiefe Teller verteilen, das Gemüse hineingeben und die Frikadellen obenauf setzen.

TIPP: Im Supermarkt wird das abgepackte Putenbrustfilet meist in 400-g-Portionen angeboten. Bereiten Sie ruhig diese Menge zu: Die übrigen Frikadellen schmecken kalt sehr lecker und haben pro Stück 43 kcal, 2 g KH, 1 g F und 6 g KH.

Die Frikadellen werden nicht alle im Varoma Platz haben: Legen Sie einige in den Einlegeboden – das Kürbisgemüse hat dann immer noch genügend Platz.

Putencurry »Vindaloo«

Für 2 Portionen • Pro Portion: 509 kcal, 21 g KH, 28 g F, 44 g E

1 große Zwiebel

2 Knoblauchzehen

1 Stück Ingwer (etwa walnussgroß)

1 rote Peperonischote

250 g Tomaten

2 Zweige Koriandergrün oder Petersilie

1 EL Rapsöl

2 EL Tomatenmark

1 kleine Dose cremige Kokosmilch (200 ml)

300 g Putenbrustfilet

1–2 EL rote Thai-Currypaste

1 EL Garam Masala

Salz

150 ml fettarmer Joghurt

VORBEREITEN:

Die Zwiebel und Knoblauchzehen abziehen, Zwiebel halbieren. Den Ingwer schälen. Die Peperonischote waschen, längs aufschlitzen und Kerne und Rippen (dort sitzt die meiste Schärfe) entfernen. Die Tomaten waschen, halbieren und die Stielansätze herausschneiden. Koriander oder Petersilie waschen, trocken schütteln und hacken.

ZUBEREITEN:

Zwiebel, Knoblauch, Ingwer und Peperoni in den Mixtopf geben und 3 Sekunden/Stufe 6 zerkleinern. Mit dem Spatel nach unten schieben. Das Öl dazugeben und 3 Minuten/120 °C/Stufe 1 dünsten. Die Tomaten in den Mixtopf geben und 5 Sekunden/Stufe 5 zerkleinern. Tomatenmark und Kokosmilch dazugeben und 15 Minuten/100 °C/Stufe 2 offen einkochen lassen.

In der Zwischenzeit die Putenbrust in mundgerechte Stücke schneiden und in das Garkörbchen geben. Die Currypaste und Garam Masala in den Mixtopf geben und 1 Minute/100 °C/Stufe 2 verrühren. Das Garkörbchen in den Mixtopf einsetzen und 30 Minuten/Varoma/Stufe 1 offen garen. Mit Salz abschmecken. Das Fleisch in die Sauce geben und 1 Minute/80 °C/Stufe 2 linksdrehend vermischen.

Auf 2 Tellern anrichten und mit Koriander oder Petersilie bestreut servieren. Den Joghurt mit Salz verrühren und getrennt dazu reichen.

TIPP: In Asien gibt es natürlich Reis zu solchen Gerichten. Wenn Sie wollen, können Sie Shirataki-Reis (Asialäden) dazu probieren oder Sie weichen auf weniger kohlenhydrathaltiges Gemüse wie zum Beispiel Brokkoli oder Zucchini aus. Das Gemüse können Sie im Varoma-Einlegeboden 20 Minuten gleichzeitig mit der Putenbrust garen.

INFO: Curry muss nicht immer gelb und pulvrig sein, wie wir es von der Currywurst gewohnt sind. In Asien kommen zahlreiche Currypasten zum Einsatz – von höllisch scharf bis süßlich, von dunkelrot bis grün. Einige davon stehen auch bei uns in den Supermarktregalen.

Hähnchenfrikassee

Für 2 Portionen • Pro Portion: 381 kcal, 25 g KH, 12 g F, 41 g E

300 g Hähnchenbrustfilet

Salz, Pfeffer

200 g Möhren

300 ml Gemüse- oder Geflügelbrühe

2 Lorbeerblätter

150 g Erbsen, tiefgekühlt

15 g Butter

15 g Mehl

50 ml Sahne zum Kochen (7 % Fett)

oder Crème légère

1 EL Zitronensaft

VORBEREITEN:

Die Hähnchenbrustfilets in mundgerechte Stücke schneiden und mit Salz und Pfeffer würzen. Die Möhren schälen, waschen, putzen und würfeln.

ZUBEREITEN:

Die Gemüse- oder Geflügelbrühe mit den Lorbeerblättern in den Mixtopf geben. Das Fleisch in den Gareinsatz legen und einhängen. Die Möhren in den Varoma geben, die Erbsen in den Einlegeboden legen und obenauf setzen. Alles zusammen 20 Minuten/Varoma/Stufe 1 garen.

In der Zwischenzeit mit den Fingerspitzen die Butter mit dem Mehl zu einer Kugel verkneten. Varoma und Gareinsatz abnehmen und beiseitestellen. Die Lorbeerblätter aus der Brühe entfernen. Die Mehlbutter in den Mixtopf geben, den Messbecher aufsetzen und 1 Minute/120 °C/Stufe 3 einrühren. Die Sahne oder Crème légère 1 Minute/95 °C/Stufe 1 unterrühren. Die Sauce mit Salz, Pfeffer und Zitronensaft abschmecken. Fleisch und Gemüse zur Sauce geben und 3 Minuten/100 °C/Stufe 1 linksdrehend erwärmen. Auf vorgewärmten Tellern anrichten.

INFO:

Das Verkneten von Butter mit Mehl wird auch in der feinen Gastrono-mie angewandt. Es ersetzt die Mehlschwitze. Das Mehl wird nach und nach in die heiße Sauce abgegeben: So können keine Klümpchen entstehen und die Sauce bekommt mehr Festigkeit.

TIPP: Gut machen sich im Frikassee auch 1 EL eingelegte Kapern und zur Abwechslung 100 g in Scheiben geschnittene Champignons. Beides kommt ganz am Schluss mit dem Fleisch und Gemüse zur Sauce.

Putenfilet mit Shirataki-Nudeln und Brokkoli

Für 2 Portionen • Pro Portion: 275 kcal, 6 g KH, 5 g F, 55 g E

400 g Putenbrustfilet
Salz, Pfeffer
300 g Brokkoli
1 Peperonischote
600 ml Wasser
100 g Shirataki-Nudeln
1 TL Gemüsebrühepulver

VORBEREITEN:

Die Putenbrust rundherum salzen, pfeffern und in den Varoma legen. Den Brokkoli waschen, die Köpfchen abschneiden und in den Varoma-Einlegeboden geben. Den Stiel schälen und grob in Stücke schneiden. Die Peperonischote waschen, putzen, längs aufschlitzen und die Kerne entfernen. Wenn es nicht zu scharf werden soll, auch die weißen Trennhäutchen entfernen.

ZUBEREITEN:

Brokkolistücke und Chilischote in den Mixtopf geben und 5 Sekunden/Stufe 5 zerkleinern. In den Varoma-Einlegeboden zu den Brokkoliköpfchen umfüllen. 600 ml Wasser in den Mixtopf geben und den Varoma mit der Putenbrust aufsetzen.
30 Minuten/Varoma/Stufe 1 garen. Den Einlegeboden mit dem Brokkoli einsetzen und alles zusammen noch 10 Minuten/Varoma/Stufe 1 garen.
In der Zwischenzeit die Shirataki-Nudeln nach Packungsanleitung kurz kochen oder mit kochendem Wasser übergießen und ziehen lassen.
Den Varoma abnehmen und beiseitestellen. Das verbliebene Wasser im Mixtopf auf 250 ml auffüllen und mit dem Brühepulver 3 Sekunden/Stufe 3 verrühren. Die Putenbrust in Scheiben schneiden und in 2 tiefen Tellern oder Suppenschalen anrichten. Die Shirataki-Nudeln mit dem Gemüse vermischen, danebengeben und mit der Brühe begießen.

Hähnchenbrust mit Wirsinggemüse

Für 2 Portionen • Pro Portion: 308 kcal, 5 g KH, 15 g F, 39 g E

300 g Hähnchenbrustfilet

Salz, Pfeffer

¼ Wirsing (ca. 250 g vorbereitet gewogen)

1 TL Kümmel

1 Schalotte

1 EL Rapsöl

1–2 TL Paprikapulver rosenscharf oder edelsüß

300 ml Gemüse- oder Geflügelbrühe

1 EL weißer Essig

50 g saure Sahne

2 EL Schnittlauchröllchen nach Belieben

VORBEREITEN:

Das Hähnchenbrustfilet in mundgerechte Würfel schneiden, mit Salz und Pfeffer würzen und in das Garkörbchen legen. Den Wirsing putzen, den harten Strunk herausschneiden und die Blätter grob hacken. Mit dem Kümmel vermischen und in den Varoma legen. Die Schalotte abziehen und halbieren.

ZUBEREITEN:

Die Schalotte und das Öl in den Mixtopf geben, den Messbecher aufsetzen und 3 Sekunden/Stufe 5 zerkleinern. Mit dem Spatel nach unten schieben und 3 Minuten/120 °C/Stufe 2 andünsten. 30 Sekunden vor Ende das Paprikapulver durch die Deckelöffnung dazugeben. Die Brühe angießen, das Garkörbchen einhängen und den Varoma mit dem Wirsing aufsetzen. 20 Minuten/Varoma/ Stufe 1 garen. Den Wirsing und das Fleisch in den Mixtopf zur Brühe geben und 2 Minuten/100 °C/Stufe 1 linksdrehend vermischen.
Auf 2 tiefe Teller verteilen, mit dem Essig beträufeln und die saure Sahne in die Mitte setzen. Nach Belieben mit Schnittlauch bestreuen.

Fisch

Zander in scharfer Gemüsesuppe

Für 2 Portionen • Pro Portion: 236 kcal, 25 g KH, 6 g F, 19 g E

200 g Zanderfilet (ersatzweise Kabeljaufilet)
1 EL Zitronensaft
1 Zwiebel
2 Stängel glatte Petersilie
1 kleine rote Spitzpaprikaschote
200 g Möhren
1 mittelgroße Kartoffel
1 EL Rapsöl
je 1 TL Paprikapulver rosenscharf und edelsüß
500 ml Gemüsebrühe
Salz, Pfeffer

VORBEREITEN:

Das Zanderfilet in mundgerechte Stücke schneiden, mit Zitronensaft beträufeln und ziehen lassen. Die Zwiebel abziehen und halbieren. Die Petersilie waschen, trocken schütteln und die Blätter von den Stängeln zupfen. Die Paprikaschote waschen, putzen und entkernen. Die Möhren schälen, putzen und in Scheiben schneiden. Die Kartoffel schälen und in große Würfel schneiden.

ZUBEREITEN:

Zwiebel, die Hälfte der Petersilienblätter und die Paprikaschote mit dem Rapsöl in den Mixtopf geben, den Messbecher aufsetzen und 5 Sekunden/Stufe 5 zerkleinern. Mit dem Spatel nach unten schieben und 3 Minuten/120° C/Stufe 1,5 andünsten. Das Gemüse, Paprikapulver und Gemüsebrühe dazugeben und 12 Minuten/120° C/Stufe 1 linksdrehend köcheln.

Die Fischstücke in den Gareinsatz geben, einhängen, den Messbecher aufsetzen und 5 Minuten/100° C/Stufe 1 linksdrehend dämpfen. Fisch auf 2 Teller verteilen, die Suppe mit Salz und Pfeffer abschmecken, über den Fisch gießen und mit der restlichen Petersilie bestreut servieren.

Lachs mit grünem Spargel und Ricotta-Käse-Sauce

Für 2 Portionen • Pro Portion: 448 kcal, 10 g KH, 27 g F, 44 g E

2 Lachsfilets à ca. 150 g
2 TL Zitronensaft
500 g grüner Spargel
500 ml Wasser
etwas Fett für den Einlegeboden
Salz, Pfeffer
100 g Ricotta
2 Ecken Sahnekäse (à 25 g)
frisch geriebene Muskatnuss

VORBEREITEN:

Den Lachs trocken tupfen und mit 1 TL Zitronensaft beträufeln. Den Spargel im unteren Drittel dünn abschälen.

ZUBEREITEN:

Wasser in den Mixtopf geben. Varoma-Behälter aufsetzen und den Spargel hineinlegen. Den Varoma-Einlegeboden dünn einfetten oder mit Backpapier auslegen. Die Lachsfilets trocken tupfen, salzen, pfeffern und in den Einlegeboden geben. 20 Minuten/Varoma/Stufe 1 garen. Varoma absetzen und beiseitestellen. Den Mixtopf ausleeren. Ricotta und die Käseecken in den Mixtopf geben und mit Salz, Pfeffer, dem restlichen Zitronensaft und Muskatnuss würzen. 2 Minuten/80 °C/ Stufe 3 verrühren.

Spargel und Lachs auf vorgewärmten Tellern anrichten und mit der Sauce begießen.

Kabeljaufilet mit Paprikagemüse

Für 2 Portionen • Pro Portion: 384 kcal, 15 g KH, 19 g F, 41 g E

400 g Kabeljaufilet
1 EL Zitronensaft und etwas zum Abschmecken
je 1 große rote und gelbe Paprikaschote
2 Stängel Dill
Salz, Pfeffer
etwas Öl für den Einlegeboden
200 ml Gemüsebrühe
1 EL Olivenöl
75 g fettarmer Frischkäse
1 EL Meerrettich aus dem Glas
1 gestrichener TL Verdickungsmittel (z. B. Guarkernmehl)

VORBEREITEN:

Das Kabeljaufilet halbieren, trocken tupfen und mit 1 EL Zitronensaft beträufeln. 15 Minuten ziehen lassen. Die Paprikaschoten waschen, putzen und vierteln. Den Dill waschen, trocken schütteln und die Blätter von den Stängeln zupfen.

ZUBEREITEN:

Die Paprikastücke in den Mixtopf geben, 5 Sekunden/Stufe 3 zerkleinern und in den Varoma umfüllen. Den Mixtopf ausspülen. Die Fischfilets trocken tupfen, salzen, pfeffern und in den leicht geölten Varoma-Einlegeboden legen. Alternativ: ein Stück Pergamentpapier anfeuchten und den Fisch darauflegen. Gemüsebrühe in den Mixtopf füllen, den Varoma aufsetzen und 30 Minuten/Varoma/Stufe 1 garen. Den Varoma abnehmen und für die Sauce Olivenöl, Frischkäse, Meerrettich, Dill und das Guarkernmehl 2 Minuten/100 °C/Stufe 3 in die Brühe einrühren. Mit Salz, Pfeffer und Zitronensaft abschmecken. Die Sauce als Spiegel auf 2 Teller verteilen und Kabeljau und Paprika darauf anrichten.

Kabeljaufilet mit Mangold

Für 2 Portionen • Pro Portion: 224 kcal, 8 g KH, 3 g F, 42 g E

2 Kabeljaufilets (à ca. 200 g)

1 EL Zitronensaft

1 Staude Mangold (ca. 500 g)

300 ml Wasser

50 ml helle Sojasauce

Salz, bunter Pfeffer

nach Belieben Petersilie zur Dekoration

VORBEREITEN:

Die Kabeljaufilets trocken tupfen, mit Zitronensaft beträufeln und 15 Minuten oder länger ziehen lassen. Den Mangold in einzelne Blätter teilen, diese waschen und trocken schütteln.

ZUBEREITEN:

Die Mangoldblätter in den Varoma schichten. Dabei die größeren Blätter außen an die Varomawand stellen und nach innen hin immer kleiner werden. Den Einlegeboden aufsetzen und die Fischfilets hineinlegen. Wasser in den Mixtopf füllen, den Varoma aufsetzen und 15 Minuten/Varoma/Stufe 1 dämpfen. Varoma absetzen, den Mixtopf leeren und die Sojasauce 30 Sekunden/120 °C/Stufe 1 erhitzen. Die Sauce als Spiegel auf zwei Teller gießen, die Mangoldblätter in Schleifen hineinlegen und die Fischfilets obenauf setzen. Salzen und mit buntem Pfeffer bestreut servieren. Nach Belieben mit Petersilie garnieren.

TIPP: **Statt der Sojasauce können Sie die Fischfilets nach dem Anrichten auch mit einem guten Olivenöl und etwas Zitronensaft beträufeln.**

Lachseintopf mit Gemüse

Für 2 Portionen • Pro Portion: 345 kcal, 20 g KH, 21 g F, 20 g E

1 kleine Zwiebel
1 Knoblauchzehe
1 kleine Stange Lauch
1 kleine Möhre
½ kleiner Kohlrabi
150 g Lachs ohne Haut
1 TL Zitronensaft und
etwas zum Abschmecken
1 EL Rapsöl
400 ml Gemüsebrühe oder Fischfond
100 ml Sahne zum Kochen (7 % Fett)
Salz, Pfeffer

VORBEREITEN:

Zwiebel und Knoblauchzehe abziehen. Den Lauch putzen, längs aufschlitzen, gründlich waschen und in Streifen schneiden. Möhre und Kohlrabi schälen, putzen und waschen. Nach Belieben zum bissfesten Garen in Würfel und Scheiben schneiden oder später im Thermomix® zerkleinern. Den Lachs trocken tupfen, in mundgerechte Würfel schneiden und mit 1 TL Zitronensaft beträufeln.

ZUBEREITEN:

Zwiebel, Knoblauch und Öl in den Mixtopf geben, 3 Sekunden/Stufe 5 zerkleinern und mit dem Spatel nach unten schieben. Den Lauch dazugeben und 3 Minuten/120 °C/Stufe 1 dünsten. Möhren und Kohlrabi dazugeben und – je nach Belieben – 3 Sekunden/Stufe 5 zerkleinern. Mit dem Spatel nach unten schieben. Gemüsebrühe oder Fischfond dazugeben und 12 Minuten/100 °C/Stufe 1 linksdrehend garen. Die Sahne, den Lachs, Salz und Pfeffer dazugeben und 5 Minuten/80 °C/Stufe 0,5 linksdrehend sanft garen. Den Eintopf mit Salz, Pfeffer und nach Belieben zusätzlich mit Zitronensaft abschmecken und gleich heiß servieren.

Fischragout mit Safran und Kokosmilch

Für 2 Portionen • Pro Portion: 416 kcal, 8 g KH, 27 g F, 36 g E

300 g Seelachs- oder Kabeljaufilet

1 EL Zitronensaft

1 Stück Ingwer (etwa walnussgroß)

1 Bund Frühlingszwiebeln

1 Fleischtomate

1 EL Rapsöl

1 kleines Glas Fischfond (200 ml)

1 kleine Dose cremige Kokosmilch (200 ml)

1 TL Kurkuma

1 Döschen Safran

Salz, Pfeffer

VORBEREITEN:

Den Fisch trocken tupfen, in mundgerechte Stücke schneiden und mit Zitronen-saft beträufelt ziehen lassen. Den Ingwer schälen und grob in Stücke schneiden. Die Frühlingszwiebeln abziehen, waschen, das Grün in Ringe schneiden und beiseitelegen, die weißen Stängel vierteln. Die Tomate halbieren, die Stielansätze und Kerne entfernen und das Fruchtfleisch in Streifen schneiden.

ZUBEREITEN:

Ingwer und das Weiße der Frühlingszwiebeln in den Mixtopf geben, den Mess-becher aufsetzen und 3 Sekunden/Stufe 6 zerkleinern. Mit dem Spatel nach unten schieben. Das Öl dazugießen und 3 Minuten/120 °C/Stufe 2 andünsten. Fischfond, Kokosmilch, Kurkuma und Safran in den Mixtopf geben. 10 Minu-ten/100 °C/Stufe 1 offen köcheln lassen. Die Tomatenstreifen dazugeben, die Fischstücke in das Garkörbchen legen, einhängen, den Messbecher aufsetzen und alles zusammen 5 Minuten/Varoma/Stufe 1 linksdrehend dämpfen. Mit Salz und Pfeffer abschmecken.

Die Safran-Kokos-Sauce auf 2 tiefe Teller verteilen, den Fisch daraufgeben und mit den Zwiebelringen bestreut servieren.

Heilbuttfilets in Pergament

Für 2 Portionen • Pro Portion: 259 kcal, 11 g KH, 4 g F, 45 g E

400 g Heilbuttfilet

1 EL Zitronensaft

3 Stängel Kräuter (z. B. Fenchel,
Dill oder Petersilie)

1 Knoblauchzehe

1 Möhre

150 g grüne Bohnen

500 ml Wasser

Salz, Pfeffer

1 TL Fenchelsaat

2 Zitronenspalten

Außerdem:

1 Stück Pergamentpapier 40 x 40 cm

VORBEREITEN:

Den Fisch trocken tupfen, mit Zitronensaft beträufeln und ziehen lassen. Die Kräuter waschen und trocken schütteln. Die Knoblauchzehe abziehen und in Scheiben schneiden. Die Möhre schälen, putzen, waschen und würfeln. Die Bohnen putzen, waschen und in 2 cm lange Stücke schneiden.

ZUBEREITEN:

Wasser in den Mixtopf geben, Möhren und Bohnen in das Garkörbchen füllen und 10 Minuten/Varoma/Stufe 1 offen vorgaren.

Das Pergamentpapier auf der Arbeitsfläche ausbreiten. Das Fischfilet mit Salz, Pfeffer und Fenchelsaat würzen und darauflegen. Knoblauch, Möhren und Bohnen rundherum verteilen. Das Papier über dem Fisch und dem Gemüse zusammenlegen und das Päckchen mit Küchengarn verschließen, in den Varoma legen und 10 Minuten/Varoma/Stufe 1 garen. Herausnehmen, öffnen, die Kräuter und Zitronenspalten dazulegen und gleich im Pergament servieren.

Garnelen in Reispapier

Für 2 Portionen • Pro Portion: 136 kcal, 22 g KH, 1 g F, 10 g E

- 50 g Shirataki-Nudeln
- 6 Reispapierblätter (16 x 16 cm)
- 1 Romanasalatherz (oder ½ Kopfsalat)
- 2 EL Reisessig
- 80 g Garnelen (gekocht und geschält)
- 30 g eingelegter Ingwer
- 30 ml Sojasauce
- 500 ml Wasser

VORBEREITEN:

Die Shirataki-Nudeln nach Packungsanleitung garen. Meist werden sie nur mit heißem Wasser übergossen und ziehen 2–3 Minuten. Die Reispapierblätter einzeln in kaltem Wasser einweichen und auf der Arbeitsfläche ausbreiten. Den Romanasalat in Blätter teilen, diese waschen und gut abtropfen lassen. Von den größeren Blättern die harte Mittelachse entfernen. Blätter in eine Schüssel geben und mit dem Reisessig vermischen.

ZUBEREITEN:

Auf jedes Reispapierblatt 1 Salatblatt, 3–4 Garnelen, etwas eingelegten Ingwer und ½ TL Sojasauce geben. Reispapier zu Päckchen aufrollen und auf den Einlegeboden des Thermomix® setzen. Wasser in den Mixtopf geben, den Varoma aufsetzen und 12 Minuten/Varoma/Stufe 0,5 garen. Auf 2 Tellern anrichten, eventuell übrigen Salat und Garnelen dazulegen und die restliche Sojasauce getrennt dazu reichen.

TIPP: **Während Sie die Päckchen vorbereiten, kann im Thermomix® schon eine leckere Orangen-Ingwer-Sauce von Seite 166 oder die Mangosauce von Seite 167 kochen.**

Saucen

Tomatenketchup ohne Zucker

Ergibt ca. 1,25 Liter

Pro Portion (2 EL): 30 kcal, 4 g KH (davon nur 1 g Zucker!), 1 g F, 1 g E

- 1 große Zwiebel (ca. 250 g)
- 5 Knoblauchzehen
- 1,5 kg aromatische, reife Tomaten (z. B. Roma)
- 1 Stück Ingwer (walnussgroß)
- 1 Peperonischote
- 2 EL Olivenöl
- 150 ml weißer Balsamessig
- 15 schwarze Pfefferkörner
- 2 Lorbeerblätter
- 2 Gewürznelken
- 5 cm Zimtstange
- je 2 Stängel Thymian, Rosmarin und Salbei
- (nach Belieben auch andere Kräuter)
- 1 Tube Tomatenmark (200 g)
- 1 Tütchen Zitronensäure
- Salz, Pfeffer
- Guarkernmehl bei Bedarf

VORBEREITEN:

Die Zwiebel und die Knoblauchzehen abziehen. Die Zwiebel vierteln. Die Tomaten waschen, halbieren und die Stielansätze herausschneiden. Den Ingwer schälen, die Peperonischote waschen, aufschlitzen und die Kerne entfernen.

ZUBEREITEN:

Zwiebel, Knoblauchzehen, Ingwer und Peperonischote 7 Sekunden/Stufe 5 zerkleinern. Das Olivenöl dazugeben und 4 Minuten/120 °C/Stufe 2,5 dünsten. Den Essig und die Hälfte der Tomaten dazugeben und 5 Sekunden/Stufe 5 zerkleinern. Die Gewürze, Kräuter und die restlichen Tomaten einfüllen. 35 Minuten/100 °C/Stufe 1 köcheln, bis die Tomaten fast zerfallen sind. Eventuell die Garzeit verlängern. Durch ein feines Sieb in eine Schüssel umfüllen, dabei die Gewürze, Kräuter, Ingwer und Pe-

peronischote entfernen. Das Tomatengemisch durch das Sieb streichen, bis kaum noch Rückstände vorhanden sind. Die Tomatenflüssigkeit in den Mixtopf geben, Tomatenmark und Zitronensäure dazugeben und 60 Minuten/100 °C/Stufe 1,5 köcheln lassen. Das Garkörbchen als Spritzschutz aufsetzen. Mit Salz und Pfeffer abschmecken. Wenn der Ketchup nach Ende der Garzeit noch zu flüssig ist (das hängt vom Wassergehalt der Tomaten ab), mit 1 gehäuften TL Guarkernmehl binden und 10 Sekunden/Stufe 4 gut unterrühren. Zum Aufbewahren heiß in vorbereitete Flaschen mit Schraubverschluss füllen.

TIPP 1: Statt mit Kräutern kann man den Ketchup auch mal mit 2 EL Curry oder einer indischen Gewürzmischung zubereiten.

TIPP 2: Praktische ¼- oder ½-Liter-Flaschen bekommen Sie in der Haushaltsabteilung im Kaufhaus. Sie können aber auch Glasfläschchen mit Schraubdeckel von Smoothies oder Sahne aus Supermärkten sammeln.

Zwetschgenketchup

Für ca. 600 ml

Pro Portion (1 EL): 21 kcal, 3 g KH, 1 g F, 0 g E

5 Schalotten (ca. 150 g)

2 Knoblauchzehen

1 Peperonischote

1 kg reife Zwetschgen

1 Stängel Rosmarin

2 EL Rapsöl

150 ml Apfelessig

je 1 EL schwarze Pfefferkörner, Senfsaat und Piment

10 zerdrückte Wacholderbeeren

½ Zimtstange

Salz, Pfeffer

1 gestrichener TL Guarkernmehl

VORBEREITEN:

Die Schalotten und Knoblauchzehen abziehen. Die Peperonischote waschen, halbieren und die Kerne entfernen. Die Zwetschgen waschen und entsteinen. Den Rosmarin waschen, trocken schütteln und die Nadeln vom Stängel streifen.

ZUBEREITEN:

Schalotten, Knoblauchzehen und Rosmarinnadeln in den Mixtopf geben, den Messbecher aufsetzen und 5 Sekunden/Stufe 5 zerkleinern. Mit dem Spatel nach unten schieben und das Öl dazugeben. 3 Minuten/120 °C/Stufe 2 andünsten. Den Essig und die Hälfte der Zwetschgen in den Mixtopf geben und 5 Sekunden/Stufe 4 pürieren. Die Gewürze, die Peperonischote und die restlichen Zwetschgen einfüllen. Das Garkörbchen als Spritzschutz aufsetzen und 30 Minuten/100 °C/ Stufe 1 offen köcheln, bis die Zwetschgen musig verkocht sind.

Durch ein feines Sieb in eine Schüssel umfüllen und die Gewürze und Peperonischote entfernen. Das Zwetschgenmus durch das Sieb passieren, bis kaum noch Rückstände vorhanden sind. Die Zwetschgenflüssigkeit in den Mixtopf geben und mit Salz und Pfeffer abschmecken. Weitere 30 Minuten/100 °C/Stufe 1 einkochen lassen. Das Guarkernmehl 10 Sekunden/Stufe 4 einrühren und sofort zum Aufbewahren in vorbereitete Flaschen oder Gläser mit Schraubverschluss füllen.

Spinatpesto

Für 8 Portionen • Pro Portion (1 EL): 126 kcal, 2 g KH, 12 g F, 4 g E

1 Knoblauchzehe

½ Bio-Zitrone

50 g Sonnenblumenkerne

50 g Parmesan

100 g Babyspinat (oder Mix aus Babyspinat, Rucola und Roter Bete)

50 ml Olivenöl

Salz, Pfeffer

VORBEREITEN:

Die Knoblauchzehe abziehen. Von der Zitrone 1 EL Schale abraspeln, die Frucht auspressen.

ZUBEREITEN:

Knoblauchzehe, Sonnenblumenkerne und Parmesan in den Mixtopf geben, den Messbecher aufsetzen und 10 Sekunden/Stufe 9 fein zerkleinern. Die grünen Blätter dazugeben und ebenfalls 10 Sekunden/Stufe 8 fein pürieren. Das Olivenöl, 2 EL Zitronensaft, Salz und Pfeffer dazugeben und 10 Sekunden/Stufe 5 mixen. Mit Salz und Pfeffer und nach Geschmack mehr Zitronensaft abschmecken. Hält sich im Schraubglas (die Oberfläche dünn mit Öl bedeckt) mindestens 14 Tage im Kühlschrank.

TIPP: Um dem Pesto noch eine Prise Gesundheit zuzufügen, rühren Sie am Schluss 1 EL Chia-Samen unter.

Käsedip mit Basilikum und Kefir

Für 2 Portionen • Pro Portion: 171 kcal, 5 g KH, 12 g F, 12 g E

5 g Basilikumblätter

60 g Käse (z. B. Emmentaler oder Bergkäse)

100 ml Kefir

100 ml fettarmer Joghurt

Salz, Pfeffer

VORBEREITEN:

Das Basilikum waschen, trocken schütteln und in Streifen schneiden. Den Käse in Stücke schneiden.

ZUBEREITEN:

Den Käse in den Mixtopf geben, den Messbecher aufsetzen und 10 Sekunden/ Stufe 9 zerkleinern. Kefir, Joghurt und Basilikum dazugeben und 5 Sekunden/ Stufe 3 verrühren. Mit Salz und Pfeffer abschmecken.

TIPP: Der Käsedip schmeckt nicht nur zu Gemüse. Er schmiegt sich auch bestens an Blattsalate oder Rohkost.

Käsesauce zu gedünstetem Gemüse

Für 4 Portionen • Pro Portion: 127 kcal, 3 g KH, 10 g F, 6 g E

50 g kräftiger Käse (z. B. Greyerzer)

2 Schalotten

1 EL Butter

200 ml Gemüsefond oder Kalbsfond

100 ml Sahne zum Kochen (7 % Fett)

2 Ecken Schmelzkäse

Salz, Pfeffer

VORBEREITEN:

Den Käse in den Mixtopf geben, den Messbecher aufsetzen und 8 Sekunden/
Stufe 8 reiben. In eine Schüssel umfüllen. Die Schalotten abziehen.

ZUBEREITEN:

Die Schalotten in den Mixtopf geben, den Messbecher aufsetzen und 3 Sekun-
den/Stufe 5 zerkleinern. Mit dem Spatel nach unten schieben und den Vorgang
wiederholen. Die Schalotten sollen sehr klein sein. Die Butter dazugeben und
3 Minuten/120 °C/Stufe 2 andünsten. Den Gemüse- oder Kalbsfond und die
Sahne angießen und 10 Minuten/100 °C/Stufe 2 offen einkochen lassen. Den
Schmelzkäse und den geriebenen Käse dazugeben und 5 Minuten/100 °C/Stu-
fe 2 einrühren. Mit Salz und Pfeffer abschmecken.

Gurkensauce mit Kräutern

Für 4 Portionen • Pro Portion: 101 kcal, 4 g KH, 6 g F, 6 g E

1 Knoblauchzehe
40 g frische Kräuter (z. B. Dill und Minze oder
Thymian und Minze)
1 kleine Salatgurke
100 g Feta
100 ml fettarmer Joghurt
Salz, Pfeffer
etwas Zitronensaft

VORBEREITEN:

Die Knoblauchzehe abziehen. Die Kräuter waschen, trocken schütteln und die Blätter von den Stängeln zupfen. Einige Blätter zur Dekoration beiseitelegen. Die Gurke schälen, längs halbieren und die Kerne mit einem Löffel herauskratzen. Das Fruchtfleisch vierteln. Den Feta grob zerschneiden.

ZUBEREITEN:

Knoblauch und Kräuter in den Mixtopf geben, den Messbecher aufsetzen und 3 Sekunden/Stufe 5 zerkleinern. Mit dem Spatel nach unten schieben, die Gurkenstücke und den Feta dazugeben und 5 Sekunde/Stufe 4 zerkleinern. Den Joghurt 5 Sekunden/Stufe 3 unterrühren. Mit Salz, Pfeffer und Zitronensaft nach Belieben abschmecken. Wenn möglich, Sauce im Kühlschrank ein paar Stunden durchziehen lassen.

TIPP: Diese Variante eines klassischen Zaziki passt ebenso gut zu Gegrilltem und Gebratenem wie zu gedünstetem Gemüse.

Grüne Sauce »Canaren«

Für 4 Portionen • Pro Portion: 103 kcal, 4 g KH, 20 g F, 1 g E

1 grüne Paprikaschote

1 grüne Peperonischote nach Belieben

1–2 Knoblauchzehen

10 Stängel Petersilie

5 Stängel Koriander, ersatzweise Petersilie

80 ml Olivenöl

Salz, Pfeffer

etwas Zitronen- oder Limettensaft

VORBEREITEN:

Die Paprikaschote und die Peperonischote (nur wenn Sie Schärfe mögen) waschen, putzen und grob in Stücke schneiden. Die Knoblauchzehen abziehen. Die Kräuter waschen, gut trocken schütteln und die Blätter von den Stängeln zupfen.

ZUBEREITEN:

Die vorbereiteten Zutaten mit dem Olivenöl in den Mixtopf geben und 20 Sekunden/Stufe 8 nicht allzu fein pürieren. Mit Salz, Pfeffer und Zitronensaft abschmecken.

Grüne Sauce »Frankfurter«

Für 4 Portionen • Pro Portion: 135 kcal, 6 g KH, 7 g F, 10 g E

**1 Bund Kräuter für Frankfurter Grüne Sauce
(oder 100 g tiefgekühlte Kräutermischung)
1 mittelgroße Zwiebel
2 hart gekochte Eier
250 ml fettarmer Joghurt
1 EL scharfer Senf
Salz, Pfeffer
etwas Zitronensaft**

VORBEREITEN:

Die Kräuter waschen, gut trocken schütteln und die Blätter von den Stielen zupfen. Tiefgekühlte Kräuter etwas antauen lassen. Die Zwiebel abziehen und halbieren. Die Eier pellen und halbieren.

ZUBEREITEN:

Kräuter, Zwiebel und Eier in den Mixtopf geben und 6 Sekunden/Stufe 6 zerkleinern. Joghurt und Senf 10 Sekunden/Stufe 4 linksdrehend einrühren. Mit Salz, Pfeffer und Zitronensaft abschmecken und mindestens 30 Minuten durchziehen lassen.

INFO: Die frischen Kräuter für die Frankfurter Grüne Sauce bekommen Sie ab April/Mai auf dem Markt oder in gut sortierten Supermärkten. Traditionell müssen es sieben Kräuter sein: Borretsch, Kerbel, Kresse, Petersilie, Pimpinelle, Sauerampfer und Schnittlauch. Die Kräuter gibt es auch tiefgekühlt in 100-g-Päckchen.

Orangen-Ingwer-Sauce

Für 6 Portionen • Pro Portion: 51 kcal, 6 g KH, 3 g F, 1 g E

1 Schalotte

1 Knoblauchzehe

1 Stück Ingwer (etwa walnussgroß)

3 Orangen

1 EL Rapsöl

3 EL helle Sojasauce

2 EL Reisessig

¼–½ TL Cayennepfeffer

1 TL Madras-Currypulver

Salz, Pfeffer

1 EL Zuckerersatz nach Belieben

VORBEREITEN:

Die Schalotte und die Knoblauchzehe abziehen. Den Ingwer schälen und in grobe Stücke schneiden. Die Orangen auspressen – das sollte ca. 250 ml Saft ergeben.

ZUBEREITEN:

Schalotte, Knoblauch und Ingwer in den Mixtopf geben, mit dem Messbecher verschließen und 3 Sekunden/Stufe 8 zerkleinern. Mit dem Spatel nach unten schieben und für ein feineres Ergebnis nochmals 3 Sekunden/Stufe 5 zerkleinern. Das Öl dazugeben und 4 Minuten/120 °C/Stufe 2 offen dünsten. Den Orangensaft, die Sojasauce und den Reisessig in den Topf geben und mit Cayennepfeffer und Currypulver würzen. 20 Minuten/120 °C/Stufe 2 offen kochen.

Mit Salz, Pfeffer und Zuckerersatz pikant abschmecken.

TIPP: **Die Sauce passt sehr gut zu den Garnelen in Reispapier von Seite 155, aber auch zu gebratenem Geflügel.**

Mangosauce

Für ca. 10 Portionen • Pro Portion: 27 kcal, 6 g KH, 0 g F, 0 g E

½–1 rote Peperonischote nach Belieben

1 Stück Ingwer (walnussgroß)

1 reife Mango

1 Limette

2 EL weißer Essig (z. B. Reisessig)

30 g Zuckerersatz

Salz

VORBEREITEN:

Die Peperonischote waschen, putzen, halbieren und entkernen. Den Ingwer schälen und vierteln. Die Mango schälen, das Fruchtfleisch vom harten Kern abschneiden und würfeln. Die Limette auspressen.

ZUBEREITEN:

Peperonischote und Ingwer in den Mixtopf geben, den Messbecher aufsetzen und 3 Sekunden/Stufe 5 zerkleinern. Vorgang wiederholen. Limettensaft, Essig und Zuckerersatz dazugeben und 5 Minuten/100 °C/Stufe 2 offen einkochen lassen.

Die Mangostücke dazugeben und 30 Minuten/80 °C/Stufe 1 sanft kochen lassen.

Mit Salz abschmecken und in ein heiß gespültes Schraubglas füllen. Hält, gut verschlossen, 2 Monate im Kühlschrank.

Backen

Kräutermuffins

Für 24 Stück • Pro Stück: 81 kcal, 1 g KH, 8 g F, 3 g E

8 Stängel Petersilie
100 g Bergkäse
2 Eier
100 g weiche Butter
1 TL Salz
80 g gemahlene Mandeln
30 g Mandelmehl
2 TL Backpulver
Butter für die Form

VORBEREITEN:

Den Backofen auf 180 °C vorheizen. Die Petersilie waschen, gut trocken schütteln und 40 g Blättchen abzupfen. Den Bergkäse in Stücke schneiden.

ZUBEREITEN:

Petersilie und Bergkäse in den Mixtopf geben und 10 Sekunden/Stufe 5 fein zerkleinern. Die übrigen Zutaten dazugeben und 20 Sekunden/Stufe 4 vermischen. Ein Muffinblech für kleine Muffins (24 Stück) sorgfältig einfetten und in jede Vertiefung 1 gehäuften TL der Teigmischung setzen. Im vorgeheizten Backofen 20 Minuten backen, bis die Muffins aufgegangen und schön goldgelb sind. Die Kräutermuffins schmecken natürlich frisch am besten – Sie können sie aber auch 2–3 Tage kühl lagern.

INFO: Mandelmehl ist etwas anderes als gemahlene Mandeln. Es ist eigentlich ein Nebenprodukt aus der Herstellung von Mandelöl. Der dabei entstehende Presskuchen wird gemahlen und ergibt entöltes Mandelmehl. 100 g enthalten nur 4 g Kohlenhydrate und kein Gluten! Sie bekommen es in Bioläden, Reformhäusern und natürlich im Internet.

Kürbismuffins

Für 12 Stück • Pro Portion: 121 kcal, 5 g KH, 9 g F, 6 g E

300 g Hokkaido-Kürbis

1 mittelgroße Zwiebel

2 EL Olivenöl

etwas Fett für das Blech

4 Eier

75 ml fettarmer Joghurt

25 g Mandelmehl

30 g gemahlene Mandeln

1 TL Backpulver

Salz, Pfeffer

50 g Kürbiskerne

VORBEREITEN:

Den Backofen auf 180 °C vorheizen. Das Kürbisstück putzen, wenn nötig, entkernen und grob in Stücke schneiden. Die Zwiebel abziehen und vierteln.

ZUBEREITEN:

Die Kürbis- und Zwiebelstücke in den Mixtopf geben und 5 Sekunden/Stufe 5 zerkleinern. Das Öl dazugeben und 3 Minuten/ 120 °C/Stufe 1 dünsten.

In der Zwischenzeit das Muffinblech mit Papierförmchen auslegen oder einfetten.

Die restlichen Zutaten in den Mixtopf geben und 20 Sekunden/Stufe 4 vermischen. Den Teig gleichmäßig in die Förmchen verteilen und ca. 20 Minuten im vorgeheizten Backofen backen, bis die Oberfläche goldgelb ist.

No-Carb-Mandelcracker

Für 35 Stück • Pro Stück: 68 kcal, 0 g KH, 7 g F, 2 g E

150 g gemahlene Mandeln

125 g weiche Butter in Flöckchen

75 g Mandelmehl

1 gestrichener TL Backpulver

1 Ei

1 Prise Salz

ZUBEREITEN:

Alle Zutaten in den Mixtopf geben und 30 Sekunden/Stufe 4 zu einem geschmeidigen Teig verarbeiten. Herausnehmen und zu einer etwa 4 cm dicken Rolle formen, fest in Klarsichtfolie wickeln und 2 Stunden im Kühlschrank ruhen lassen. Den Backofen auf 180 °C vorheizen. Die Teigrolle auspacken und mit einem scharfen Messer 5 mm dicke Plätzchen abschneiden, auf ein mit Backpapier ausgelegtes Backblech legen und 15 Minuten goldgelb backen. Vollständig auskühlen lassen.

TIPP 1: Als Belag für die Cracker eignet sich gewürzter Frischkäse hervorragend – auch fertige Mischungen aus dem Supermarkt, zum Beispiel mit Meerrettich, Kräutern oder Paprika. Noch ein bisschen Lachs oder Schnittlauch obenauf oder Tomate darunter – fertig sind Häppchen ohne Kohlenhydrate, die Ihre Gäste sicher auch gerne mögen.

TIPP 2: Zum Bestreichen die Cracker auf eine flache Unterlage legen. Sie sind sehr mürbe und brechen leicht. Und weil sie so leicht zerbröseln, sind sie auch hervorragend geeignet als Ersatz für Semmelbrösel, wenn Sie mal etwas überbacken wollen. In einer gut verschlossenen Dose können sie bis zu 4 Wochen aufgehoben werden.

INFO: Alle Kekse zusammen haben gerade mal 11 g Kohlenhydrate. Das heißt: 1 Stück hat so gut wie gar keine. Trotzdem Vorsicht beim Naschen: 7 g Fett pro Stück sind nicht ohne!

Käsecracker

Für 25 Stück • Pro Stück: 21 kcal, 0 g KH, 2 g F, 1 g E

50 g Parmesan
25 g Mandel- oder Kokosmehl
2 Eier
grobes Meersalz
Pfeffer

VORBEREITEN:
Den Backofen auf 200 °C vorheizen.

ZUBEREITEN:
Parmesan in den Mixtopf geben, den Messbecher aufsetzen und 5 Sekunden/
Stufe 8 zerkleinern. Die übrigen Zutaten dazugeben und 10 Sekunden/Stufe 4
vermischen.
Ein Backblech mit Backpapier auslegen und den Teig mit einem Teigschaber
dünn auf einer Fläche von etwa 20 x 20 cm darauf verstreichen. Ca. 20 Minuten
backen, bis der Teig goldgelb ist. Blech herausnehmen und Teig noch heiß in
4 x 4 cm große Quadrate schneiden. Gleich knusprig genießen!

TIPP: Sie können die Cracker
nach Belieben würzen und zum
Beispiel noch 1 TL getrocknete
Rosmarinnadeln oder Schwarz-
kümmel in den Teig mischen.

Aprikosen-Quark-Kuchen

Für 16 Portionen • Pro Portion: 190 kcal, 18 g KH, 11 g F, 5 g E

1 kg reife Aprikosen

1 Vanilleschote

75 g Zucker

75 g Zuckerersatz

125 g weiche Butter

2 Eier

150 g Mehl (Typ 550)

75 g Mandelmehl

½ Päckchen Backpulver

Salz

125 g Magerquark

etwas Fett für das Blech

VORBEREITEN:

Die Aprikosen waschen, halbieren und entsteinen. Die Vanilleschote längs aufschlitzen und das Mark herauskratzen. Den Backofen auf 180 °C vorheizen.

ZUBEREITEN:

Zucker, Zuckerersatz, Vanillemark und Butter 45 Sekunden/Stufe 3 schaumig rühren. Eier, Mehl, Mandelmehl, Backpulver, 1 Prise Salz und den Quark in den Mixtopf geben und 1 Minute/Stufe 3 verrühren. Das Backblech auf einer Fläche von 32 x 32 cm dünn einfetten und den Teig darauf verstreichen. Mit den Aprikosen belegen und im vorgeheizten Backofen 40–50 Minuten goldgelb backen. Blech aus dem Ofen ziehen, das Teigquadrat vierteln und gleich heiß oder leicht abgekühlt servieren. Übrig gebliebener Aprikosenkuchen lässt sich gut einfrieren.

Quarkkuchen mit Himbeeren

Für 6 Portionen • Pro Portion: 118 kcal, 8 g KH, 3 g F, 14 g E

Für den Teig:

50 g Hafer- oder Hirseflocken

1 EL Butter

etwas Fett für die Form

500 g Magerquark

170 g Zuckerersatz

1 Ei

Saft und Schale ½ Bio-Zitrone

1 Päckchen gemahlene Gelatine

1 l Wasser

Für den Belag:

250 g frische Himbeeren

Zuckerersatz nach Belieben

VORBEREITEN:

Die Haferflocken in der Butter in einer beschichteten Pfanne goldgelb rösten.

ZUBEREITEN:

Eine Springform (16 cm Durchmesser) sorgfältig einfetten und die Haferflocken-masse darin verteilen. Quark, Zuckerersatz, Ei, Zitronensaft und -schale in den Mixtopf geben und 20 Sekunden/Stufe 4 cremig rühren. 3 EL von der Quarkmas-se mit der – nach Packungsanleitung – aufgelösten Gelatine verrühren, in den Mixtopf geben und alles zusammen 15 Sekunden/Stufe 4 verrühren. Die Masse in die Springform füllen. Mit Klarsicht- oder Alufolie zudecken und mit Küchen-garn verschließen. Den Mixtopf spülen und mit 1 Liter Wasser füllen. Die Spring-form in den Varoma setzen und 50 Minuten/Varoma/Stufe 1 dämpfen. Kuchen in der Form etwas auskühlen lassen und mit den frischen Himbeeren (oder an-deren Beeren der Saison) belegen. 1 Stunde im Kühlschrank durchkühlen lassen und nach Belieben mit Zuckerersatz bestreut servieren.

TIPP: Wenn Sie möchten, können Sie auch einen Teil der Früchte in die Quarkmasse geben. Klasse schmeckt auch unser Apfelmus von Seite 54 zum Quarkkuchen.

Nussbrot

Für 20 Scheiben • Pro Scheibe: 140 kcal, 10 g KH, 9 g F, 4 g E

100 g Walnüsse oder gemischte Nüsse

300 g Roggenkörner

100 g Mandelmehl

1 TL Salz

1 EL Brotgewürzmischung

20 g Hefe

5 g Zucker

375 ml lauwarmes Wasser

50 ml Olivenöl

Die Nüsse in den Mixtopf geben, mit dem Messbecher verschließen und 2 Sekunden/Stufe 5 zerkleinern. In eine Schüssel umfüllen.

ZUBEREITEN:

150 g Roggenkörner in den Mixtopf geben und 1 Minute/Stufe 10 mahlen. In eine Schüssel umfüllen, die restlichen Roggenkörner ebenso mahlen. Die erste Roggenportion wieder in den Mixtopf zurückgeben und alle Zutaten (außer den Nüssen) geschlossen 3 Minuten/Teigstufe kneten. Teig herausnehmen und in einer Schüssel zugedeckt ca. 30 Minuten an einem warmen Ort gehen lassen. Dann die gehackten Nüsse unterheben oder einkneten. Eine Kastenform von ca. 22 cm Länge kalt ausspülen und mit Backpapier auskleiden. Den Teig einfüllen und weitere 15 Minuten gehen lassen. Die Oberfläche mit kaltem Wasser einpinseln und das Brot im nicht vorgeheizten Backofen bei 200 °C 40 Minuten backen. Dann aus der Kastenform nehmen und auf dem Backofenrost in 20 Minuten fertig backen.

VARIANTE: Aus dem Teig 20 Stangen oder kleine Brötchen formen und auf ein mit Backpapier ausgelegtes Blech geben. Mit Wasser einpinseln und nach Belieben noch mit gehackten Nüssen bestreuen. 40 Minuten backen.

Dinkel-Körner-Brot

Für ca. 25 Scheiben • Pro Scheibe: 80 kcal, 9 g KH, 3 g F, 3 g E

300 g Dinkelkörner

50 g Leinsamen

50 g Chia- Samen

75 g Mandelmehl

15 g Sauerteigextrakt (Bioladen oder Reformhaus)

9 g Bio-Trockenhefe

1 TL Salz

350 ml lauwarmes Wasser

15 g Sonnenblumenkerne

15 g Kürbiskerne

ZUBEREITEN:

150 g Dinkelkörner und 25 g Leinsamen in den Mixtopf geben, den Messbecher aufsetzen und 1 Minute/Stufe 10 mahlen. In eine Schüssel umfüllen, die restlichen Dinkelkörner und Leinsamen in den Mixtopf geben und ebenfalls 1 Minute/Stufe 10 mahlen. Die erste Dinkel-Leinsamen-Portion wieder in den Mixtopf zurückgeben und alle Zutaten (bis auf die Kerne) geschlossen 3 Minuten/Teig-Stufe kneten. Teig in eine Schüssel umfüllen und 45 Minuten an einem warmen Ort gehen lassen. Dann die Sonnenblumen- und Kürbiskerne auf der Arbeitsfläche von Hand in den Teig einkneten und einen länglichen Laib daraus formen. Auf ein mit Backpapier ausgelegtes Backblech legen und 30–40 Minuten gehen lassen, bis sich das Volumen deutlich vergrößert hat.

In der Zwischenzeit den Backofen auf 220 °C vorheizen. Vor dem Backen die Teigoberfläche mit Wasser bepinseln. Blech in den Ofen schieben und eine kleine feuerfeste Schüssel mit Wasser in den Backofen stellen. Brot 30 Minuten backen, bis die Oberfläche goldbraun ist, dann aus dem Ofen nehmen. Auf dem Kuchengitter auskühlen lassen.

INFO: Beachten Sie bitte, dass ein Sauerteig auch tatsächlich sauer ist – das heißt, er greift zum Beispiel Alubeschichtungen an. Verwenden Sie emaillierte Backformen oder schützen Sie Ihr Backblech mit Backpapier.

TIPP: Sauerteig muss man nicht mehr umständlich selbst »führen«. Es gibt ihn in Tütchen oder Dosen, flüssig oder in Pulverform. Sie bekommen diese Zutat auf jeden Fall in Reformhäusern und Bioläden – teilweise auch in Supermärkten.

INFO: Dieselbe Menge Brot hätte, nur aus Dinkelmehl hergestellt, pro Scheibe 82 kcal, 15 g KH, 1 g F, 3 g E.

Quark-Curry-Brot mit Anis

Für 25 Scheiben • Pro Scheibe: 55 kcal, 4 g KH, 2 g F, 5 g E

500 g Magerquark

5 Eier

1 Päckchen Backpulver

100 g gemahlene Braunhirse oder gemahlene Mandeln

40 g Goldleinsamen

1 EL Anissamen, ersatzweise Kümmel oder Fenchelsamen nach Belieben

1–2 TL Currypulver

1 TL Paprikapulver rosenscharf oder edelsüß nach Belieben

1 TL Salz

etwas Fett für die Form

VORBEREITEN:
Den Backofen auf 180 °C vorheizen.

ZUBEREITEN:
Alle Zutaten in den Mixtopf geben und 15 Sekunden/Stufe 5 verrühren. Mit dem Spatel nach unten schieben und weitere 10 Sekunden/Stufe 5 rühren. Teig in eine gefettete Kastenform (ca. 30 cm lang) füllen und im vorgeheizten Backofen bei 180 °C 50–55 Minuten backen, bis die Oberfläche goldbraun ist. Form aus dem Ofen nehmen, auf dem Kuchengitter auskühlen lassen und Brot stürzen.

TIPP: Bewahren Sie das Quarkbrot im Kühlschrank auf. Es hat durch den Quark nur eine begrenzte Haltbarkeit.

Brownies

Für 20 Stück • Pro Stück: 114 kcal, 1 g KH, 10 g F, 3 g E

25 g Bitterschokolade (min. 85 %)
1 Vanilleschote
4 Eier
Salz
100 g Butter
40 g Kakaopulver
100 g Zuckerersatz
140 g gemahlene Mandeln
1 TL Backpulver
etwas Fett für das Blech

VORBEREITEN:

Den Backofen auf 180 °C vorheizen. Die Schokolade grob hacken. Die Vanilleschote längs aufschlitzen und das Mark herauskratzen.

ZUBEREITEN:

Den Schmetterling in den Mixtopf einsetzen. Die Eier trennen, die Eiweiße in den Mixtopf geben und mit einer Prise Salz in 4 Minuten/Stufe 3,5 zu einem festen Schnee schlagen. In eine geräumige Schüssel umfüllen. Die Schokolade mit der Butter 3 Minuten/55 °C/Stufe 1 schmelzen. Kakaopulver, Zuckerersatz, gemahlene Mandeln, Backpulver, Vanillemark und Eidotter 20 Sekunden/Stufe 3 einrühren. Masse in die Schüssel zum Eischnee geben und vorsichtig vermengen. Eine Backform (32 x 20 cm) einfetten oder den entsprechenden Teil eines Backblechs mit Alufolie abgrenzen und ebenfalls einfetten. Den Teig in die Form oder auf das Blech geben und im vorgeheizten Backofen 20–25 Minuten backen. Der Kuchen ist durch, wenn Sie mit einem Holzstäbchen hineinstechen und kein Teig mehr anhaftet. Kuchen aus dem Ofen nehmen, vollständig auskühlen lassen und in 20 rechteckige Stücke schneiden.

Süßes –
Low sweet

Orangenzabaglione »Low Carb«

Für 2 Portionen • Pro Portion: 121 kcal, 5 g KH, 9 g F, 5 g E

3 Eidotter

40 g Zuckerersatz

75 ml frisch gepresster Orangensaft

2 EL Zitronen- oder Limettensaft

ZUBEREITEN:

Den Schmetterling einsetzen. Alle Zutaten in den Mixtopf geben und 10 Minuten/80 °C/Stufe 3 schaumig schlagen. Sofort heiß in Gläsern servieren.

TIPP: Statt Orangensaft können Sie auch weißen Traubensaft oder Apfelsaft verwenden. Je saurer der Obstsaft, desto besser für die Zabaglione, die sonst gerne aus nicht zu süßem Wein gemacht wird.

Die Zabaglione reicht für 4 Portionen, wenn Sie zum Beispiel feine Spalten von Pfirsichen oder Melone auf Tellern ausbreiten und die Creme darübergießen.

Panna Cotta »Slim« mit Mango

Für 2 Portionen • Pro Portion: 213 kcal, 10 g KH, 19 g F, 2 g E

½ Vanilleschote

100 ml Sahne

100 ml Sahne zum Kochen (7 % Fett)

20 g Zuckerersatz

½ Päckchen gemahlene Gelatine

½ Mango

ZUBEREITEN:

Die Vanilleschote aufschlitzen, das Mark herausschaben, zusammen mit der Sahne und dem Zuckerersatz in den Mixtopf geben und 15 Minuten/100 °C/ Stufe 1 sanft kochen lassen. Die Gelatine einrieseln lassen und 1 Minute/90 °C/ Stufe 2,5 verrühren. Creme in 2 mit kaltem Wasser ausgespülte Gläser füllen und erkalten lassen. Dann mindestens 2 Stunden im Kühlschrank durchkühlen lassen.

In der Zwischenzeit die Mango schälen, das Fruchtfleisch vom harten Kern abschneiden und würfeln. Die Panna Cotta mit den Mangowürfeln bestreut servieren.

Mandarinensorbet

Für 4 Portionen • Pro Portion: 72 kcal, 10 g KH, 3 g F, 1 g E

400 g geschälte Mandarinen

60 g Zuckerersatz

75 ml stilles Mineralwasser

30 ml Sahne

VORBEREITEN:

Die Mandarinen in Spalten teilen, Kerne und weiße Häutchen entfernen. Im Tiefkühlfach gefrieren lassen.

ZUBEREITEN:

Den Zuckerersatz 10 Sekunden/Stufe 10 zu Puderzucker mahlen. Mit dem Spatel nach unten schieben und mit dem Wasser 5 Minuten/100 °C/Stufe 1 köcheln. Das Zuckerwasser vollständig abkühlen lassen. Die gefrorenen Mandarinen in den Mixtopf geben und 10 Sekunden/Stufe 9 zerkleinern. Mit dem Spatel nach unten schieben, die Sahne dazugeben und 30 Sekunden/Stufe 5 zu einem cremigen Sorbet verarbeiten.

Sofort in Gläsern servieren oder 2–3 Stunden im Tiefkühlfach aufbewahren. (Nicht länger, denn dann wird das Sorbet steinhart.) Vor dem Servieren dann nochmals kräftig verrühren.

INFO: Bei der Verwendung von Zuckerersatz statt normalem Haushaltszucker sparen Sie pro Portion 15 g Kohlenhydrate ein.

Zutatenregister

Bildnachweis

S. 10: Elena Pominova/Shutterstock.com; S. 14: olepeshkina/Shutterstock.com; S. 15: Adrian_am13/Shutterstock.com; S. 16: designer491/Shutterstock.com; S. 17: AGfoto/Shutterstock.com; S. 18: Peredniankina/Shutterstock; S. 20: bitt24/Shutterstock.com; S. 21: marco mayer/Shutterstock.com; S. 22: alex9500/Fotolia.com; S. 23: Babyspinat: Anna_Pustynnikova/Shutterstock.com, Spinatsuppe: Lisovskaya Natalia/Shutterstock.com, Aprikosenkuchen: Elena Pominova/Shtterstock.com, Aprikosen: Nesterenko Maxym/Shutterstock.com, Knoblauch: mario95/Shutterstock.com, Tomaten: Elisanth/Shutterstock.com, Fleischbällchen: Family Business/Shutterstock.com; S. 24: baibaz/Istockphoto.com; S. 26: Rustle/Shutterstock.com; S. 29: LucidSurf/Istockphoto.com; S. 30: Jamesmcq24/IStockphoto.com; S. 31: bitt24/Shutterstock.com; S. 32: pilipphoto/Istockphoto.com; S. 34: Kesu01/Istockphoto.con; S. 36: Shebeko/Shutterstock.com; S. 37: karandaev/Istockphoto.com; S. 39: Karissaa/Shutterstock.con; S. 40: rezkrr/Istockphoto.com; S. 41: 5 second Studio/Shutterstock.com; S. 42: mama_mia/Shutterstock.com; S. 44: Severga/Shutterstock.com; S. 46: bhofack2/Istockphoto.com; S. 48: Tatomm/Istockphoto.com; S. 50: fired/Shutterstock.com; S. 51: Yulia Davidovich/Shutterstock.com; S. 53: Liliya Kandrashevich/Shutterstock.com; S. 54: Olyina/Shutterstock.com; S. 56: Stephanie Frey/Shutterstock.com; S. 59: Elena Shashkina/Shutterstock.com; S. 61: kostrez/Shutterstock.com; S. 62: Vankad/Fotolia.com; S. 63: contrastwerkstatt/Shutterstock.com; S. 65: Peggy Blume/Fotolia.com; S. 68: Narith Thongphasuk/Shutterstock.com; S. 70: indigolotos/Shutterstock.com; S. 73: ivanmateev/Istockphoto.com; S. 74: successo images/Shutterstock.com; S. 76: Ildi Papp/Shutterstock.com; S. 79: Lisovskaya Natalia/Shutterstock.com; S. 83: master1305/Istockphoto.com; S. 85: julie deshaies/Shutterstock.com; S. 87: anytka/Istockphoto.com; S. 89: CGissemann/Istockphoto.com; S. 90: Barbara Pheby/Fotolia.com; S. 93: sarsmis/Shutterstock.com; S. 96: Vankad/Shutterstock.com; S. 99: bolsher/Shutterstock.com; S. 101: Kvitka Fabian/Shutterstock.com; S. 102: Krasowit/Shutterstock.com; S. 104: Elzbieta Sekowska/Istockphoto.com; S. 107: Shebeko/Shutterstock.com; S. 110: Monkey Business Images/Shutterstock.com; S. 112: Mariontxa/Shutterstock.com; S. 113: indigolotos/Shutterstock.com; S. 116: AGfoto/Shutterstock.com; S. 118: Peredniankina/Shutterstock.com; S. 121: Ana del Castillo/Shutterstock.com; S. 122: Bartosz Luczak/Shutterstock.com; S. 124: Paul Cowan/Shutterstock.com; S. 127: richardernestyap/Shutterstock.com; S. 129: Olga Miltsova/Shutterstock.com; S. 131: Alina G/Shutterstock.com; S. 133: kostrez/Shutterstock.com; S. 137: Gayvoronskaya_Yana/Shutterstock.com; S. 138: minadezhda/Shutterstock.com; S. 141: AS Food studio/Shutterstock.com; S. 143: Barbara Pheby/Fotolia.com; S. 144: Mariha-kitchen/Fotolia.com; S. 146: siamionau pavel/Shutterstock.com; S. 148: Lilyana Vynogradova/Shutterstock.com; S. 150: kimmingkit/Shutterstock.com; S. 151: Natalia Evstigneeva/Shutterstock.com; S. 152: hlphoto/Shutterstock.com; S. 154: agneskantaruk/Fotolia.com; S. 155: AS Food studio/Shutterstock.com; S. 157: MaraZe/Shutterstock.com; S. 159: Tetiana Chudovska/Shutterstock.com; S. 160: Nataliya Arzamasova/Shutterstock.com; S. 161: Viktor1/Shutterstock.com; S. 162: Marzia Giacobbe/Shutterstock.com; S. 163: Oleksandra Naumenko/Shutterstock.com; S. 164: S.Bachstroem/Shutterstock.com; S. 167: Jayme Burrows/Shutterstock.com; S. 169: Anji77702/Shutterstock.com; S. 170: PABimages/Istockphoto.com; S. 171: MarkGillow/Istockphoto.com; S. 172: GrashAlex/Istockphoto.com; S. 173: Elena Pominova/Shutterstock.com; S. 175: Anna Pustynnikova/Shutterstock.com; S. 176: HandmadePictures/Fotolia.com; S. 178: Lucky_Li/Shutterstock.com; S. 181: Rachel Moon/Shutterstock.com; S. 182: vsl/Shutterstock.com; S. 185: Amawasri Pakdara/Shutterstock.com; S. 186: naito8/Shutterstock.com

224 Seiten
15,99 € (D) | 16,50 € (A)
ISBN 978-3-7423-0331-8

Doris Muliar

Basisch kochen mit dem Thermomix®

Über 110 Rezepte zum Entsäuern, Abnehmen und Genießen

Ein ausgeglichener Säure-Basen-Haushalt ist eine entscheidende Voraussetzung für Vitalität und Wohlbefinden. Unsere heutige Ernährung mit viel Fast Food und Zucker begünstigt jedoch einen Säureüberschuss, der langfristig zu Krankheiten führt.

Das Prinzip der Säure-Basen-Balance ist ganz einfach: Man isst wenig säure-, jedoch reichlich basenbildende Lebensmittel, sodass ein Basenüberschuss entsteht. Die Erfolgsautorin Doris Muliar hat über 110 leckere Rezepte für den Thermomix® erarbeitet, die nach genau diesem Prinzip funktionieren. Der Einstieg gelingt Ihnen mithilfe der praktischen ein- bis zweiwöchigen Basenkur. Danach können Sie die basische Ernährung auch langfristig in den Alltag integrieren. Da sie nicht auf Verzicht beruht, ist sie für die ganze Familie geeignet. Alle Rezepte wurden mit dem Thermomix® TM5 entwickelt und getestet. Unabhängig recherchiert, nicht vom Hersteller beeinflusst.